看，这个农民
乔书领的不平凡人生
小鱼传媒◎著
中华工商联合出版社

图书在版编目（CIP）数据

看，这个农民 / 小鱼传媒著. -- 北京 : 中华工商联合出版社, 2014.9
ISBN 978-7-5158-1056-0

Ⅰ. ①看… Ⅱ. ①小… Ⅲ. ①乔书领—传纪 Ⅳ. ① K825.38

中国版本图书馆 CIP 数据核字 (2014) 第 193637 号

看，这个农民

作　　者：小鱼传媒
责任编辑：袁一鸣　高尚
责任审读：郭敬梅
责任印制：迈致红
出版发行：中华工商联合出版社有限责任公司
印　　刷：廊坊市兰新雅彩印有限公司
版　　次：2014 年 9 月第 1 版
印　　次：2014 年 9 月第 1 次印刷
开　　本：710mm×1000mm 1/16
字　　数：160 千字
印　　张：16.25
书　　号：ISBN 978-7-5158-1056-0
定　　价：39.80 元

服务热线：010 — 58301130
销售热线：010 — 58302813
地址邮编：北京市西城区西环广场 A 座
19 — 20 层，100044
http://www.chgslcbs.cn
E-mail:cicap1202@sina.com（营销中心）
E-mail:gslzbs@sina.com （总编室）

最近三十多年来，随着中国市场的大门向世界逐步敞开，市场经济的触角延伸到了中国的每一个角落，中国人的创造力和能量得到了前所未有的释放，中国经济的繁荣也达到了前所未有的程度。然而与此同时，人们心中的潘多拉盒子也被无意中打开了，特别是从市场经济急速发展的上世纪 90 年代开始，在横流的物欲和无情的生存现实面前，中国人的信仰开始迅速瓦解，传统价值观和道德观开始面临前所未有的挑战。

无疑，改革开放三十多年来，中国经济能迅猛发展，作为时代弄潮儿的企业家居功至伟。然而，在为社会作出巨大贡献的同时，企业家这个群体却并没有收获与其贡献相对等的荣誉和尊重，相反的，最近流行的“土豪”这个含着明显贬义的标签却常常被贴在商人或者企业家的身上，至于“无商不奸”这个很不公平的认识也没有看到从人们的头脑中剔除的迹象。

万事皆有因果，虽然说那些唯利是图、不择手段的不良商人在企业家中毕竟只是少数，虽然说市场经济中出现的一些问题更与市场规范尚不十分完善紧密相关，但企业家们是否也应当反躬自问："自己对自身以及自己企业的自我规范是否就无可挑剔？"

另一方面，从整个社会的角度来说，企业家形象的好坏，与中国经济是否能持久良性发展直接相关。当整个社会对企业家及其企业的认识都跟三聚氰胺事件后对待奶粉企业一样丧失信心，那么，中国经济还能稳步向前吗？显然，造假欺骗的企业家必须被揭露和严惩，与此同时，那些以实干立业，以诚信取胜，尽力服务大众，无私回报社会的企业和企业家是否也应该被广为宣扬，从而以正气压倒邪气，以正能量来压制企业行为中的负能量呢？

因此，我们的社会迫切需要形成一种引导企业家向善的商业文化，也迫切需要形成一种正确认识企业家的良好舆论氛围。以此来抵制商业中的不良行为，来弘扬正能量。同时，通过这种努力，也可以形成一种健康的商业文化。

在长期与众多的企业家的接触中，有些企业家让我们印象特别深刻，北京乔家园林绿化有限公司董事长乔书领就是其中的一位。作为一个享有"中国十大杰出青年农民"、"中国种草第一人"等众多荣誉的杰出企业家，乔书领却始终保持着一个农民传统的朴实和厚道；作为一个长期在商场上拼搏的斗士，乔书领却从没有过与人为敌的思想。他坦诚对待所有人，他以实干作为自己在商场上立足的唯一资本，他很清楚自己应该做一个什么样的人，所以时时不忘正心、正己，每天坚持写日记，反省自己。花言巧语、圆滑狡诈、富于心计等这些人们对于商人的普遍认识，在乔书领身上几乎看不到一点影子！乔书领最让人惊叹的地方，还是他在创业之初很多年里奉行的一个承揽业务的原则："先做草坪后付钱，草坪做不好倒赔绿化费！"这种反精明的商业之道，在一般人看来可能根本行不通。然而，乔书领却这样做了，也成功了，甚至可以说，正是凭借这种一般“精明人”绝不可能采取的老实做法，乔书领战胜了创业之初的一个个竞争者，从而为自己后来的成功奠定了基础，铺平了道路。那么，这种独特的成功之道，难道不是一种另类的商业文化？这样的商业文化利人利己，增进社会诚信，促进社会和谐，我们有什么理由不发掘它、阐释它、宣扬它呢？也许，乔书领的为商之道不是所有人都可以效仿的，但至少，乔书领的经验值得所有的企业家和创业者借鉴和思考。

《看，这个农民》是一部记录“中国种草第一人”乔书领创业经历，解析他成功之道的一部书，是我们奉献给读者的又一部精神大餐。通过这部书，我们不仅希望给读者提供一个企业家创业和奋斗的励志故事，也希望通过这部书让社会对企业家和商人有一个新的认识，更希望乔书领另类的成功之道给大家一个启发，也给其他企业家树立一个榜样，从而让社会多一份诚信，多一份善良，多一份阳光。

小鱼传媒董事长：

第三章 小区绿化获石家庄市市长盛赞 /067

第四章 中国种草第一人 /085

第五章 从“皇家”转向“人民”/119

某些人的成功拼聪明，他的成功靠“老实”

在当今中国，有这么一个农民：他既不比一般农民长得更突出，也不比一般农民显得更聪明，甚至，在年轻时，他曾经因为其貌不扬和过于老实而找不着对象！然而，就是这么一个让人感觉毫不出奇而且老实巴交的农民，在20岁的时候就开始创业，在23岁的时候成为中国第一个种草坪的人，在28岁的时候，就已经被评为“全国花木行业优秀十佳企业家”，33岁时被评为“全国青年科技示范标兵”，38岁的时候被团中央评为“中国当代杰出青年”，并被北京市政府评为“首都绿化积极分子”，39岁的时候，被团中央等国家六部委评为“中国十大杰出青年农民”，2003年，入编《中国百名优秀企业家奋斗史》一书，2005年获评“全面建设小康社会百佳红旗人物”，2006年获评“中华杰出人物公益楷模”，2010年获评“中国城市园林建设十大贡献人物”。同时，他还被媒体冠以“中国种草第一人”、“草坪大王”、“草坪王”、“草坪乔”等各种称号。这个农民就是乔书领！

1993年后，乔书领的企业北京乔家园林绿化有限公司先后被评为“全国优秀花木企业”、“全国花卉先进企业”、“中国民营科技创新企业”、“中国林业与环境促进会重点推荐园林建设单位”、“中国城市园林建设十大杰出企业”。就是这个企业，它承建了著名的北京蓬莱苑园林绿化工程和八仙别墅区园林绿化工程，更承建了奥运村第一个足球场、奥运水上公园工程、三军仪仗队营房大院绿化工程、官厅水库堰塞湖裸岩绿化工程、重庆武陵山脉凤凰山公园园林景观等许多重要的园林绿化工程，并赢得了各种让乔书领引以为豪的荣誉。中国花卉博览会是由全国绿化委员会等八部委联合组办的我国规模最大、档次最高、影响最广的国家级花事盛会，被称为中国花卉界的“奥林匹克”。2001年，在广州举办的第五届中国花卉博览会上，北京乔家园林绿化有限公司神奇再现“花溪醉雾”皇家园林景点——热河泉，荣获博览会“金奖”——这代表着园林绿化行业的最高水平！2005年，在成都举办的第六届花博会上，北京乔家园林绿化有限公司以革命圣地西柏坡为主题设计施工的“柏坡情”，开创了中国红色园林的先河，黄金周参观人数30万人次，留言20大本！目前，北京乔家园林绿化有限公司以北京为中心，业务已辐射全国很多地区，绿化面积近两万公顷。

作为一个老实厚道的农民，乔书领能获得如此成就，已经足以让许多人惊叹不已，然而，更让人惊叹的是，他的一双儿女比他的事业还要引人瞩目！他的女儿念中学时获得奖学金，是北京市三好学生，现在在哥伦比亚大学全球研究中心工作。他的儿子初中刚毕业就留学美国西顿中学，三个月后就通过竞选当选该校学生会主席，不久又当选美国未来商业领袖社团西顿中学社长，参加美国中学生演讲比赛，获得加州第一名，留学美国期间得知汶川大地震，他马上赶回国内到汶川做义工。

事业和儿女教育都如此出色，这让人不得不怀疑乔书领是不是真是那么一个老实到没人说媳妇的普通农民！

乔书领的老实是实实在在的，乔书领的出色也是实实在在的。自古以来，诚实、厚道、朴实、善良一直都是被人赞颂的美德，然而，在市场规范尚不完善的情况下，随着市场经济渗透进人们生活的各个角落，造假、虚夸、欺骗等现象并不鲜见。在这种大气候下，诚实、厚道、朴实、善良等传统美德在某些人眼里便显得不合时宜，老实，这个综合了诚实、厚道、踏实、善良等诸多品质的特点，也不知不觉地成了贬义词更成了被歧视的对象。

显然，老实本质上与智力无关，反而是一些传统美德的体现。由此，我们便不难发现：毫无背景、白手起家的老实人乔书领的成功，其实是被现代人忽视的诚实、善良、厚道、踏实等传统美德的成功，而这些传统美德在现代商业社会的成功，在很多人看来无疑是难以想象的，事实上，这在当今时代也确实是罕见的。正因为此，乔书领的成功，才值得所有人深思。

我们不否认，当今时代，某些人的成功是靠造假、欺骗等非道德手段获得的，但是，这样的成功有多少能够持久？有多少能有好的结局？同时，在以如此手段收获成功的同时，他们可能失去的是作为一个人更珍贵的一些东西，譬如坦荡的心！从这个角度说，那些在如今这个物质时代能始终保持诚实忠厚本色的人，才是能看得远的人，才是真正有大智慧的人。乔书领就是这样一个有大智慧的人！

乔书领的大智慧往往就表现在他最老实也可以说是最“愚”的那些行为中。

乔书领的老实，最集中的表现，就在于他的反精明的商业之道。

从开始做草坪后的好多年里，乔书领承揽业务的原则都是："先做草坪后付钱，草坪做不好倒赔绿化费！"乔书领的这种做法，在一般人看来显然老实得有些过分，然而，正是凭借这种一般精明人绝不会采取的老实做法，乔书领战胜了创业之初的一个个竞争者，为自己的园林绿化之路从河北走向全国打下了坚实的基础。

显然，像乔书领这样的老实人，在社会上受骗或者吃亏都是免不了的，但乔书领对受骗的态度是："乔书领从来都把人往好处想，受骗了，哈哈一笑！"他坚信："吃亏是福，'聪明人'干不成大事业！"

这种对人性本善的相信，这种始终把做好事情放在收取报酬之前的做事态度，是现代人所缺少的；尤其可贵的是，乔书领对人性本善的相信和诚实待人的原则不是一时的，而是长期的、始终如一的，这甚至可以说是令人敬畏了！

乔书领的成功让人很容易想到被当作新闻的一些自助零售店。这些自助零售店没有人管理，顾客想买什么东西，在商店里自己找到需要的东西，然后将钱放在投币箱或者盛钱的盒子即可。根据报道，这些自助零售店很少或者基本上没有发生过顾客拿了东西而没有付费的情况。但是，即便如此，在整个中国，甚至在整个世界，这样的自助零售店也还是屈指可数。这至少说明：对人性本善的相信，对小得小失的不过分看重，是极少有人能真正做到的，而乔书领就属于这极少的人中的一个！是的，骗子确实不少，好人也会偶尔撒谎，但对于乔书领这样的人，即使遇上了骗子，骗子也可能会在他的面前变成一个诚信的人，就像有人在乔书领面前说的："骗谁也不能骗你！"、"在你面前我没辙了！"

乔书领的成功也许不能复制，就像那种自助零售店不可能广泛推广一样，毕竟如今的社会欺骗和陷阱无处不在。但是，乔书领的成功也给了我们一个启示：原来这样也能成功！原来放下心机只管把事情做好也能在商业领域成功！

当然，乔书领的成功并不仅仅是踏实做事、待人以诚、始终相信人等做人方面导致的成功，他的成功也与他对成功近乎狂热的追求、对事业非同一般的执着、对工作忘我的投入紧密相关。另外，乔书领的成功也与他赶上了改革开放，赶上了政府鼓励农民致富的大好时代背景有着非常重要的关系。正像一个媒体总结的，乔书领的成功是“党的改革开放史的一例注释”。

在当代企业家中，乔书领也许算不上多么出色，但乔书领的成功方式确实是非常少见的。看看他的人生经历，看看他的成功之路，在促人深思之余，无疑会给人诸多启发。

第一章

在灾难、动乱和贫穷中成长

出生之后：大饥荒、大洪水和大地震

巍巍太行，挺起中国不屈的脊梁；千里沃野，把一代又一代的农民滋养。

乔书领的家乡，河北省邢台地区隆尧县千户营乡狮子圪塔村，地处华北平原农业高产区，盛产小麦、玉米、棉花、油料、蔬菜等农作物，自古有“一熟三吃”的说法。不过上个世纪60年代，正是新中国历史上不平静的十年。

常言道：“人是铁，饭是钢，一顿不吃饿得慌。”那时候农村生活还很艰难，在最艰难的三年困难时期，人们为了填饱肚子，甚至挖草根，拨树皮，能吃的全吃，不能吃的想办法也要吃。“草坪大王”乔书领，正生于三年困难时期。

父母给他取名“书领”，是希望作为长子的他将来能从书本中学得本领，通晓事理，能给贫困和落魄的家庭命运带来一些改变。

乔书领出生在贫寒之家，要想改变，谈何容易？反倒是在他刚刚来到这个世界之初，马上就要经历一波波贫困和动荡的考验。

在乔书领3岁的时候，就遭遇了一场惊心动魄的大洪水。

1963年8月1日，天就像撕开了一个大口子，不停地倾泻放水。八百里太行山上，水流从高向低，从南到北形成一条连续不断的特大瀑布，由西向东汇流成河。

雨越下越大，远远近近的山峰都笼罩在白茫茫的水幕之中，各地水库水位持续暴涨。到了第四天，雨量不减反增，天地间一片灰暗，难分彼此。

连日的降雨引起山洪暴发，各处水库大坝相继倒塌，滔天洪水挟裹着石块、树木和杂物，翻滚着，咆哮着，滚滚而去，在多个太行山口与华北平原的连接地带，瞬间变得开阔的地势让一股股洪流呈扇状展开，由线成面，继续向前，形成无边无际的洪海，将靠近山口周围的一切吞噬得无影无踪。

洪峰的流速经过平原地带的释放和缓冲有所减弱，水势暂时缓和了一些。在一片汪洋泽国之中，乔书领所在的狮子圪塔村若隐若现……

乔书领平生首次承蒙了上天的眷顾，在这场特大洪水中有惊无险地得以死里逃生。

乔书领朦朦胧胧地记得，在这场空前的水灾过后，惊慌失措的人们在没膝的水中趟来趟去。洪水过后的断壁残垣，也被冲刷得像散了架的烂泥一般，无精打采地斜倒在土黄色的水里。

一难刚过，一难又起。

如果说三年前的洪水经历尚显朦胧，那么三年后的邢台大地震让乔书领至今想起来也仍然是历历在目。

1966年3月，正值一年中春暖花开、万物复苏的时节。

近几天来，乔书领的家乡频频出现轻微地震，而且异象频现，民间也颇多揣测。

爷爷毕竟有着丰富的人生阅历，他凭借自己的经验判断在此前持续很久的大旱之后，出现强震的可能性会非常大，这些小震，应该是更大的地震来临之前的预震，所以不顾大家的反对，极力要求全家赶快搬到外面，以躲避可能到来的灾难。

一家人开始都觉得爷爷从来就是一个“胆小怕事”的人，缺乏必要的权威，所以几乎没有人响应爷爷的意见。但随着地震时有时隐和社会风言的不断增多，也认识到了某种潜在危机或许正在袭来。于是，从大人到小孩都怀着一种惴惴不安的心情听从了爷爷的安排，赶紧在院子外面的空阔处搭建了应急帐篷，凑合住了进去。

天气还有些乍暖还寒，但对本来就缺衣少穿的乔家人来说，这室外的温度尚能接受。特别是对乔书领来说，因为换了新的住处，有了新鲜的生活，整天跑来跑去的，甚至还有一种从未体验过的新奇感和快乐。

果真如乔书领爷爷所预感的那样，灾难还真的发生了。

到了 8 日早上 5 时许，不只是乔书领的家乡隆尧县，而是以邢台为核心的整个华北地区，都发生了 6.8 级的大地震，震中烈度达到 9 度之强。地震发生后，竟漫天飘雪，景况异常。

因为地震发生在人口稠密地区，而且地震发生时恰巧在早晨，大部分居民还没有醒来，所以破坏力极强，狮子圪塔村 1000 多村民中，死亡 100 多人。

这一次，幸运之神再一次眷顾了乔书领一家人，躲过了这场灾难。

地震之后，只见昔日熟悉的狮子圪塔村已经面目全非，房屋倒塌无数，乔书领的家也沦为废墟。

目光所及之处，无不是一片哀鸿遍野的凄惨景象。

乔书领看到这种从未有过的景象，幼小的心灵也跟着产生了莫名的恐惧——这大自然的威力，让他有了真实的感受。

随着大人们全身心投入到抗震救灾工作中去，灾区正在慢慢恢复秩序和生活常态。乔书领毕竟是小孩子，看到大人们的脸色渐渐恢复正常，没过几天，心中的恐惧意识也慢慢地淡化了。

这时候，政府派出大批的救灾人员已经赶到灾区来了。他们一边为灾民们分发必要的救灾物资，一边组织群众发起自救，并严格规范一度失序的社会秩序。破烂得已经失去本来面目的大街上，却前所未有地出现了一派人来人往、异常热闹的样子。

乔书领手里终于捧上了救灾人员分发的应急食品。

这些来自城市、平日里难得一见的“洋”货，散发出一种说不清道不明的香甜味道，一下子直冲肺腑，在他的脑海里久久地萦绕不去，他站在那呆呆地、美美地回味着：这与家中平时吃的饭菜完全不同，让人感到陌生也新鲜，难舍难弃。一种因祸得福而怪异的幸福感，在心中油然而生……

解放军战士在拼尽全力开展震后救灾和现场清理工作，那些挥汗如雨、不畏艰险的英雄形象，让灾区人民一度紧张不安的神经得到了极大的安慰，也深深地印在了乔书领的脑海中。

心中永远的痛：大年三十父母还在乞讨

经过了大洪水、大地震，即使土地肥沃，乔书领的家乡仍然难以摆脱贫穷的折磨。那时候，生产队里社员们忙活来、忙活去的，每天的工分收入合下来才只有八分钱左右，余粮也没有多少，所以总是饿肚子。

社员们没事了就坐在一起商量，都觉得外出乞讨是个办法，于是就成群结队地一块儿出去。这在当时被称作“拉练”。这种“拉练”的生活，一段时间几乎成了一种常态。

开始的时候上面管得严，但时间长了，也就默认了。在“拉练”队伍当中，就有乔书领的父母和奶奶。

穷人的孩子早当家。到了十几岁的时候，乔书领看到父母外出“拉练”有时带回的干粮比较多，就在父母差不多应该回来的时候，早早地跑到村外的路口边，静静地等他们，帮他们拿东西。

乔书领慢慢习惯了这种生活。不过父母回家的时间早晚不定，所以就多次提醒他：“如果我们回来晚了，你就待在家里，别出去接了。”

也有让乔书领进退两难的时候。

有一年的农历腊月大年三十，整整一天，家中冷冷清清，毫无生气，让他觉得有一种刻骨铭心般的伤痛，种种细节，至今还记忆犹新。

农历新年，在中国人的眼中是一年里最神圣、最隆重的节日。不论生活穷或富，身在何处，一家人都要聚在一起，团团圆圆、高高兴兴地过年。但是这一天，乔书领眼看着别人家已经在想方设法盘算着怎样过年的事情了，可他一直没有看见父母回来的身影。

乔书领一直焦急地盼望着，眼看着日头已经西落，天空正慢慢变得暗了起来，狮子圪坨村子已经笼罩在一片雾霭之中。

家中大人现在还没回家，这年可怎么过呀？他越来越坐立不安了："今天是大年三十，跟平时不一样呀，看来还是得到村口接一下父母去！"乔书领一边想着，一边往外走。

他独自来到村口，伸着脖子望向村外的方向。但这时已经看不清太远的距离了。

乔书领看看村口没动静，就回过头来望了望身后的村子。

毕竟是要过年了，村里多了一点淡淡的年味。有的人家还开着院门，透出点点依稀的灯光。深邃的天空中，偶尔会突然升起一道亮光，随着"啪"的一声，炸开一团火花，然后，瞬间又熄灭在夜空里。有时，还会伴着远处传来的孩子们的欢呼声。随着声音的消失，一切再次归于沉寂。

村里越来越安静，后来，就像一位沉睡过去的老人，回归了寂静无声的世界。

他已经记不得出来到底有多久了，只是在心里不停地念叨着，盼望从远处早一点、快一点传来父母熟悉的脚步声。

乔书领已经饥肠辘辘，肚子里面"咕咕"直响。他非常想好好吃一顿饱饭。

不知道今天这个特殊的日子，父母会不会带一些好吃的年夜饭？但转念一想，父母多数时候都会用一种惭愧的表情向他解释外面发生的事情时，他觉得自己怎么这么馋呀？到现在父母还没影儿呢，等回来再想这些也不迟呀！于是，他将吃年夜饭的想法暂时搁到脑后了。

一阵寒风袭来，树上干枯的树枝摆动时发出怪怪的声音。

村口空荡荡的，黑乎乎的。乔书领心中有些害怕，感到非常无助。

他下意识地用冻僵的手将破旧的棉衣衣襟使劲地往胸前拉了拉。但棉衣过于破旧和瘦小，无法合严胸口。

寒气不断地侵袭着瑟瑟发抖的身体。他向旁边的一棵树干靠了靠，感觉这样似乎会安全和暖和一点，心里也再次开始犯嘀咕：“父母该回来了吧？再不回来，是等下去，还是先回家再说？”

在他犹豫不决之际，村外的路上似乎隐隐约约传来一点响动，他一下子清醒了，顿时来了精神。

乔书领定了定神，听到由远及近传来了一阵脚步声。在这个寂静的大年夜，那种声音听起来非常清晰，而且有些迫不急待，还有些磕磕绊绊。

乔书领再也没有迟疑，一路小跑迎了上去……

在跑到距离对方有几米远的地方，从对面已经传来一股熟悉而温暖的气息，就像带给他一阵扑面的春风，是那样亲切和温馨。他被这气息严严实实地包围着，完全陶醉于其中了！

乔书领忽然觉得心里有些委屈，一阵迷迷糊糊的感觉袭上心头，两眼有点湿湿的……

他下意识地又向前挪动了几步……

乔书领重新定了定神，他发现父母几天不见，好像有些变“胖”了。

原来，是他们身上背着、挎着好多的东西。看来，这一次收获不小呀！

父亲一双冰凉的大手早就伸过来了，在使劲地扶住他的同时，自己的身子也在不由自主地颤抖着，身上的物品和干粮哗哗地掉了下来。

母亲赶紧弯下身子摸黑拾东西。父亲重新站稳，对他说："本来是可以早些回来的，但想到过年的缘故，而且路程太远了，就想多带些干粮……"

父亲看他木木的，还是一句话不说，赶紧问他："儿子，冷不冷呀？"

这时，乔书领的眼泪再也控制不住了，从眼眶里面哗哗地涌了出来……

几滴热乎乎的东西掉在他的脸上，与他的眼泪混合在一起，顺着脸颊流了下去——父亲也流泪了。

乔书领不忍心看到父亲流泪的样子，他扭过头去，用力拉着父亲的手，向自己家的方向走去。

再破的家也是家呀，总会有一种令人神往的安全感。把父母接回来以后，乔书领一直悬着的心总算落了地。

进家后他想到的头一件事，是让父母暖暖身子，休息一下。

父母放下身上的东西，就像卸下了千斤重担一样，长长地喘了一口气。

在父亲刚刚坐下去的时候，他伸手去帮父亲脱鞋。但是，父亲的鞋底早已面目全非，露出来的脚被冻得像冰一样硬邦邦的，脚底下已分不清是鞋底子，是血肉，还是泥土……

乔书领的手像突然触了电一样，心头一紧，一下子闪开好远，站在那呆呆地看着父亲的脚："爹，你脚咋成这样了？！"

父亲见乔书领一脸茫然，对他安慰道："因为急着往家赶，所以鞋子在路上就踢破了。没事，过两天就好了。"

母亲在一旁看在眼里，于是过来对乔书领说："你爹怕过年这些天没东西吃，老是说再转转，再转转。回来的路上，又怕你等得着急。其实那双鞋早就不行了……"

"让你爹休息一下，都饿了一天了，我赶紧先做饭吧。"母亲紧接着说道。

这句话一下子提醒了乔书领，他立刻感到身体快要不行了似的……

年夜饭是母亲从带回来的干粮中选最好的做成的，一通忙活之后，也摆弄了一桌。这些吃的虽然没有乔书领曾经想象得那么丰富，但一家人围在一起相互倾述衷肠，一会哭，一会笑的幸福情景，让这个草草过去的大年夜多了几份难得的年味儿。

这一夜，乔书领睡得酣畅踏实。

在梦中，乔书领已经长大了。

他在生产队积极劳动，受到了队长的表扬，还开了不少工分。

他拿自己挣的钱给父母买了好看的衣服，给他们盖了新房子，一家人天天荤菜、白面、大米吃不完，再也不用像现在这样天天外出辛苦地"拉练"了。有一次，他还和父母一起去了北京，逛了天安门，一家人穿着新衣服，照了相片……

乔书领"呵呵"地笑出了声，他娶了一位漂亮的媳妇，好多亲戚朋友正在为自己办婚事呢……

"天增岁月人增寿，春满乾坤福满门"，尽现了宇宙万物的自然变迁和人们对世间幸福的向往。乔书领和姐弟们起了个大早，怀着一种很神圣的心情，迎接这个一年一度的重大节日！

吃饺子，是乔书领对过年最重要的一个期盼。

为了不辜负孩子们的愿望，父母想办法用当时非常稀缺的红高粱面做成了饺子皮，还变戏法儿似的，不知从哪里弄来了少量的肉，然后掺合着大量的白菜，做了饺子馅。总算圆了一年一度的饺子梦。

遗憾的是，最后做成的饺子却寥寥可数，每个人都限定了数量，只能意思意思就算结束了。显然，这根本无法满足大家积攒了一年的强大食欲，所以，人人似乎都流露出一副意犹未尽的样子。乔书领歪着脖子问母亲：“还有没有了？”

母亲露出为难的样子，说：“还有几个，等着这些天慢慢吃吧，不能一下子都吃完了……”

穷了穷过，富了富过，年，总是要过的。年味儿，在孩子们眼中还是很浓的。

在这一段不同寻常的日子里，乔书领的嘴似乎吃得越来越馋，越来越盼着天天能吃上白面和大米了，那可是神仙一样的日子呀！要是过年的时候都实现不了，年后可就更没希望了。

在正月里的一天，还沉浸在淡淡年味儿中的他显然有些意犹未尽，把这个“想要改善一下”的想法很郑重地跟父亲说了。

没想到在一旁的姐姐听到了，白了他一眼，说：“你整天净做一些不着边际的美梦！”

可是父亲这时不但没有骂他，反而语重心长地劝他：“你好好用功念书吧。将来出息了到城里去工作，人家那里不比咱农村，要啥有啥，到那时就能经常吃到白面大米和肉馅饺子了……”父亲说话的时候，充满了无奈和歉意。

乔书领心里想着：“吃一顿饱饭，吃一次肉馅饺子的愿望，什么时候才能实现呢？”

内心的祈祷

乔书领家中有兄弟三人，他是老大，下面两个弟弟，年龄相隔都在两三岁的样子。在仨兄弟上面，还有一个由姑姑家过继过来的姐姐，等于是姐弟四人与父母的六口之家。说实话，这样的家庭在那个年代并不算庞大，但由于当时普遍的生活状况不佳，以及洪水、地震等灾难导致的后遗症，日子过得很紧巴。

在乔书领兄弟们年龄还很小的那些年，年龄大一点的姐姐对他们虽不是亲姐姐，却胜似亲姐姐，一直以来担当着半个母亲的角色，在家中给大伙洗洗涮涮、缝缝补补、劝慰呵护，像成年人一样辛苦劳累。

姐姐任劳任怨和无怨无悔的样子，乔书领看在眼里，记在心里。

乔书领从来没有看见姐姐有过任何自私的行为，有了吃的、穿的，先让着几个弟弟和父母亲，似乎觉得这是她的分内之责。遗憾的是，一家人就算辛苦成这个样子，却也根本无法扭转生活的困境。

父亲为了不让一家人老是饿肚子，只要是一发现能吃的东西，就一定要想着法儿让家人吃到，好度过一个又一个难熬的日子。

在乔书领大概到了七八岁的时候，父亲不知从哪里弄到一块得了瘟疫病死的死猪肉，悄悄地拿回家中。在路上的时候，父亲还再三地犹豫："该不该给家人吃这样的食物？"但到家后一看，姐弟几个早饿得像软面团一样，有气无力、东倒西歪的，于是也不顾什么病菌、病毒了，偷偷煮给家人吃了。

父亲从心里觉得对不起一家人，特别怕大家知道了会跟自己犯急。但出于对妻子的信任，还是将秘密说了出来，但同时严厉地告诫她："千万不要对孩子们说呀！"

母亲看着孩子们吃肉时那种狼吞虎咽般的天真模样，心中如同打翻了五味瓶一样，心如刀绞，欲言又止。后来，忍不住自己在嘴里念念叨叨，这让一旁的乔书领听出了一些实情。在他的一再追问下，母亲道出了实情。

幼小的乔书领还无法理解父母为了维持生计有多么艰难和辛苦，当他确认父亲在哄骗他们的时候，想着已经吃进肚子的死猪肉那股子恶心劲儿，恨不得用手把那些东西全抠出来，然后再将胃洗上一百遍才算完。他当然也知道吃进去的肯定吐不出来，但在感情上无论如何也接受不了这个现实，于是怀着满腹的委屈，将目光转向了父亲，又吵又闹。

两个弟弟也都向父亲投来异样的眼光。四面楚歌的父亲保持着沉默，任凭家人指责。后来觉得实在不行，就躲避着一家老小的目光，绕着道走了。为一块死猪肉互不搭言，一家人怄了好些天的气，折腾得没个消停。

因为家里老是会出现有上顿没下顿的情况，面对一家人等米下锅的窘境，父亲也实在没有别的办法，一旦遇到这种机会，还是会"屡屡犯错"。但饥不择食的乔书领在慢慢长大的过程中，实在没有兴趣再去追究入口的食物来源到底是否合情合理了。他现在唯一盼望的，是赶快时来运转，过上吃饱穿暖的生活，别再一不小心就吃到这些令人恶心的东西了。

大概到了乔书领上初中的时候，家里的日子还是没有多大改变。村民们无不在想着养家糊口的各种办法，有时候，甚至是不择手段了。

直到今天，乔书领还清清楚楚地记得这样一件事情：

有一次，发生了一起车祸，邻村有一个小姑娘被意外轧死了。后来解决事故，女孩家中竟然获赔了 3 万元钱的补偿费！人们听到这个消息时，无不大吃一惊！

在那个社员一天只有八分钱工分收入的年代，3 万元钱是什么概念？一辈子也挣不来的天文数字呀！当这件事在村里传开的时候，很多人都忽视了那个死去的女孩，只对那 3 万元钱惊叹不已。

当这个消息传到乔书领一家人耳朵里的时候，同样引起了一阵躁动，一家人议论纷纷。

姐姐在一边听着大家说来说去，但她一直沉默不语，低着头想心事。

有一天，姐姐看到家中人很少，父亲正在清闲没事的空档，就试探着说："爹，那几天被汽车轧死的那个小姑娘，挺可怜的，不过……"

父亲没有多想，随便回了一句："是呀，小小年纪的，就这样死了，唉。不过，她们家里这下可好过了……"

姐姐说："是呀。如果说这个小姑娘换成是我，把我轧死了，也能换 3 万元钱，你看咱们这个家不就好过了？"说完，非常真诚地望着父亲有些沧桑的脸。

父亲根本没想到女儿会跟自己说这种话，好几秒钟没有反应，脸色变得异常难看。

这样僵持了一会，父亲突然涨红着脸对女儿大声呵斥："以后不许你再说这种败兴的话，再说打断你的腿！”

父亲的话似乎在女儿的预料之中。她欲言又止地退在一边，没有再进行任何的争辩，但明显流露出一副并不是很认同的样子。

父亲气愤地甩了一下胳膊，径直走出了家门。

乔书领目睹了这一幕，他当时就觉得心里像被什么锐器一下子深深地刺痛了似的：“姐姐怎么竟然会有了这样的想法？”

此后好些日子，乔书领一直暗暗地留意着姐姐的举动。他发现，父亲也在做着同样的事情。好在，一切慢慢地恢复如常了。

这件事情给乔书领留下了一个去不掉的心结，期待改变现实的心情也更加迫切了。他觉得生活状况要是好转一点，一家人能够吃饱穿暖，这些邪门的事儿才会消失。可是，怎样才能改变呢？

人一到了绝望的时候，往往会想起天地神仙来，将生的希望寄托在无法确定的神秘力量上。

乔书领的家族在村子里盖有一座皇姑庙，虽然年久失修显得有些风雨飘摇，但庆幸的是，竟然还没有被当作“四旧”砸烂，而且还隐隐约约地让人感觉神秘。

自从有了想要改变现实状况的想法之后，他就偷偷学着大人的样子，趁着没有人注意的时候，小心翼翼地来到庙中，郑重其事地拜过各路神仙，然后，虔诚地双手合在一起，默默地祈祷：“请保佑我们一家人的生活快点好起来吧，等我长大了，会好好地干一番大事业，孝敬我的父母，也会回来祭拜各路神仙菩萨……”

拜完之后，乔书领静静地站在那好长一会儿。

等到走出庙来，他还会在附近观察一会儿周围的情况，如果有不懂事的小孩子们来这里捣乱，就毫不犹豫地冲上去，制止一切不敬行为，守护着心中这一片净土。

当家中有什么事情的时候，乔书领都要和大人们去上上供，烧烧香，拜拜神，将一切现实中改变不了的忧愁和烦忧，寄托在神佛身上。

这样的日子持续了好久，可乔书领发现生活还是那样朝不保夕，吃饭还是上顿不接下顿，肚子照常“咕、咕”乱叫，就觉得有些事情改变得太慢了，这时的乔书领实际上已经隐隐约约地懂得，生活在这种毫无改变毫无希望的环境中，不论如何乞求，也是毫无意义的事情。因为，环境本身就是天，乞求环境这个天，还不如主动改变这个环境。

少有的好孩子：总是第一个到班上打扫卫生

乔书领的心里一直憋着一股劲，一种摆脱贫困、向上追求的劲，这让他从小就非常重视荣誉，甚至好面子。

那时候农村还没有专业的理发店，小孩子的头发一般都是由家中大人来打理，不少家庭因陋就简，用剪刀剪短或是剃光，变得干净利索就行了。好点的，理个“煤铲子”、“龙子背”，难以有什么创意要求和艺术造型。

乔书领的爷爷，一直承担着乔家“理发师”的职责。但有一次，大约是乔书领刚上小学的时候吧，爷爷的手艺却在乔书领这里玩砸了。

爷爷这次还是按照多年习惯的手法，给乔书领剃了一个“龙子背”。

当爷爷如释重负地刚刚坐下来想休息一下的时候，乔书领却从镜子中发现自己光秃秃的脑袋中间只留了很小的一片头发，这点头发与整个头顶完全不协调，显得另类和怪异：这哪里是自己想要的“美发”，完全是丑化嘛。这样的形象，自己怎么好意思出去见人？

他对着爷爷又吵又闹，向爷爷提出条件：“将剃掉的头发重新安回去，按照原来的样子接好……”

爷爷在长孙的无理哭闹面前急得不知所措，也无可奈何。后来，老实巴交的爷爷竟然给逼得也哭了起来。

这一幕有趣的生活场景，成为乔书领少年生活的一个笑料。笑过之后，大家却能发现他对面子和尊严无比重视。他自己也试图通过努力，来争取面子和尊严。

但现实实在很难改变，生活的烦恼越来越多，长期无处交流，内心无法抹去的重重阴影就逐渐映射在他的脸上，老是一副沉默寡言的样子，初看起来，就像是一个不可救药的窝囊废。学校里的老师看到他后，也认为他是一个“毫无朝气”的学生。

青春期的孩子，心理是非常敏感的。当乔书领听到这个说法的时候，心灵受到了巨大的伤害。他马上又联想到自己的学习成绩一直不太理想，违背了家人的期待和自己的愿望，于是对个人能力和未来产生了怀疑。

他顺着自己的思路一直往下想，最后甚至归结到乔氏家族的身上。他认为，乔氏祖上从没出过一个有出息的人，这与自己成绩不好一定存在某种关联。他觉得，祖祖辈辈都是这样，显然已经很难改变，或许，自己也将碌碌无为……

在充满了悲观失望情绪的同时，乔书领也很为自己的表现着急上火：“我自己也不傻呀，学习怎么就这么差呢？”他心有不甘，非常希望出人头地、获得荣誉和肯定。

一直到了乔书领十四五岁的时候，他们家与一位乔姓本家亲戚相互有了来往，才给了他一个转变的机会。

这位亲戚，按辈分排，是乔书领的大伯，现在正任职县工业局的局长。乔书领听父亲说，大伯一直以来很被人们、特别是乔氏家族的人尊敬。

当局长大伯出现在乔书领的面前时，立刻就让他觉得眼前一亮。他发现，大伯不论是在知识文化上的见多识广，还是行为举止方面的优雅得体，与村里人土里土气的表现完全不一样，总是能带来一股难以名状的韵味。“大伯能当这么大的官儿，这么有见识，真的是了不起呀！”

大伯与自己同根同族，这种关系在乔书领内心产生了巨大的影响。从这位了不起的大伯身上，他觉得自己同样大有潜力，于是下意识地将这位大伯视为学习的榜样和模范。他暗自下定决心：“我长大了一定要做大伯那样的人！”

大伯家有一个比乔书领年龄稍小的女儿。两家有了来往之后，他就经常去和那个小女孩玩耍。二人相处得非常好，对方也喜欢跟他玩，要是有几天看不见乔书领，就要哭着嚷着要找他。

乔书领一面与小姑娘玩耍，一面也努力创造与大伯接触的机会，然后很用心地观察大伯的一举一动，并在心中与自己进行全方位的比较。时间一长，从大伯身上确实学到不少人情世故和为人处世的方法，也发现了以前自己忽略了的自身优点和长处。学习和生活的自信心，就这样慢慢重新建立起来了。

找到了自信心的乔书领，开始想办法弥补在学习成绩上的不足。他认为，要是为班集体干些力所能及的小活，是完全可行的。主意已定，乔书领开始全身心地投入到集体生活中，积极参与学校事务。

此后，不论春夏秋冬，他每天总是第一个赶到学校，主动为班里打水扫地，摆放桌椅，擦窗户，课前准备工作做得几乎面面俱到。干完了班集体的活，就静静地坐在座位上，等老师和同学们到校学习。

起大早，还要干活，是一件不容易的事情。夏天还好说，尤其到了冬天的早晨，天亮得很晚，却又多了一项很重要的工作要做，那就是必须提前将班里取暖用的炉子清理干净，然后生火，让教室提前暖和起来。为了保证自己准时起床，乔书领向父母提出要求，万一遇到自己有睡过头的情况，一定要他们提醒自己，千万别误了学校的事务。

在主动承担起班务劳动的同时，他还主动承担了打扫厕所卫生的工作，也不嫌茅坑脏和臭，总是定时清理那些粪块。这个习惯，一直坚持到他毕业才结束。

乔书领的所作所为，老师看在眼里，喜在心头，也慢慢改变了对他的固有看法。

作为回报，老师开始经常当众表扬他，并将他的事迹登在黑板报上，还让他担任了班里的劳动委员和小组长。这样一来，乔书领的干劲就更足了。

其实老师关注他已经有很长时间了，发现他从跨进学校大门的那一刻起，就一直在努力学习、追求上进。在课堂上，他两眼瞪得老大盯着黑板，认真听老师讲课，从不跟个别同学一起调皮捣蛋。

不幸的是，课堂上那些数字性的东西总是无法与他的思维相融合，一到数理化课堂就根本听不进去，脑子里面不由自主地转弯想别的事情，学习成绩始终不太理想，甚至还得过零分。

也许是禀赋各异的原因吧，语文、历史、政治课堂中那些故事，充满了情感的言语表达，却总能引起乔书领浓厚的兴趣和关注，他也愿意主动投入其中，享受那个充满了智慧的世界。

老师也明白乔书领对各学科不同的倾向性，特别是他在学校的表现非常积极，就想着要促进他的学习兴趣，在课堂提问的时候，总是有意专门照顾他，让他回答一些问题。经过这样的课堂互动，乔书领原来的偏科现象有了一些好转，成绩也逐渐赶了上来。

老师对乔书领的喜欢还表现在其他很多方面，包括经常到乔书领家里串门。

每次家访，父母总会热情地把老师留在家里面，吃吃饭，聊聊天。老师与家长本来都很熟悉，往往有请必应，说吃就吃，从没那么多的虚情假意和客套话。多少年下来，老师、学生和家长之间的关系像一家人那样，一直非常融洽。

乔书领在丰富充实的集体生活中找到了自我，组织管理能力也得到了一定的体现和提高，同学们都喜欢与他一起学习、劳动，并成为他的朋友和伙伴。

到了高中时期，乔书领的性格还是那样随和，但在交朋友的问题上他的标准更高了。他的理由简单明了：“我非常崇拜比自己强的人，需要这样的朋友来激励我，使我有一个不断学习进步的榜样！”

乔书领有个同学，父亲是千户营村的党支部书记，他和这位同学当时又都是班干部，二人还有相同的爱好和兴趣，经常在一块学习和劳动，几乎是无话不说，无事不谈。

这位同学也确实很优秀，长大后当了公安局的局长，算得上是一位成功人士。即使在这位同学当了公安局长之后，乔书领与这位同学仍然坚守着学生时代那种没有功利的友情和交往，几乎从不涉及商业和利益。

乔书领的学校生活，让乔书领悟到一个简单的道理：只要有付出，就必然会有回报。

第二章

全国第一个种草坪的人和全乡第一个万元户

高中毕业，幸遇改革开放

时间过得真快，1977 年，乔书领高中毕业了。

这一年刚刚恢复全国高考，但对学习成绩并不太理想的乔书领来说，考大学对他似乎有些遥不可及，于是他跟大多数农村学生一样，自然而然地步入了广阔的社会天地。

上大学不现实，但乔书领也不愿意像多数青年那样接下父母手中的锄头，在农村终老一生。

做点什么好呢？他本想去学一门手艺，但回过头来一看，父母已经渐渐走过了中年，体力明显不如从前，家中非常需要一个壮劳力来为父母分担压力。所以，学艺这条路看来并不是首选，挣钱养家，才是这个时候最重要的事情。

乔书领想了半天，自己还是不能确定下来，眼下的事儿，只能看看长辈们有什么看法和具体的安排了。

父亲没有这样的社会关系，先去找了乔书领的大伯，通过大伯介绍，他在刚建厂一年的山口石料厂得到了人生的第一份工作。

这是一份临时工的差事，也就是后来人们熟知的“农民工”。虽然出卖的是力气，工资收入不多，条件当然也不会太好，不过只要能脱离农村生活的旧套路，过上这种有规律和固定收入的生活，对乔书领一家来说，也是一个了不起的改变，大家心中稍微有了一丝安慰和喜悦。

乔书领刚刚进入工作岗位，干起活来不嫌脏、不怕苦，很舍得卖力气。同时，他还坚持着学生时代的好习惯，心中还坚守着那份人生的梦想。利用大部分的工作闲暇阅读一些书籍，思考一点人生，业余生活也比较丰富。不过阅读范围已经不是课本，而是《辽宁青年》和《黄金时代》这些社会读物了。书中描写了外面世界的各种新鲜事、还有名人名言和成功励志故事，让他对外面的世界充满了好奇和向往。“什么时候能出去见识一下呢？”他心中暗想。

1978 年，乔书领在石料厂干了一年之后，他有些厌烦了这种被人呼来喊去、像机器一样运转的工作，考虑了一段时间，再次向大伯提出找一个新工作的想法。

大伯有点奇怪，说：“这活难道不比种地强？为啥要换来换去的？”

他对大伯一直很尊重，但这次没多想，回答得很干脆：“石料厂，名声不太好听，知名度也不高！我不想干这种既省心、又省力，别人怎么说我就怎么干的死活。”

“这小子此山看着那山高，野心不小呀！”大伯心中一惊。

这个事情让大伯来想办法，得多少费些心思，不过让乔家老爹想办法，就完全是强人所难了。但是，既然孩子干得不开心，那也不能勉强。“强扭的瓜不甜呀。”于是，在大伯为乔书领四处奔波的同时，父亲也不顾人微言轻，到处去寻亲托友，为他寻找新的工作机会。

在大伯和父亲的奔波下，时隔不久，又为乔书领在县城木器厂找到一份临时工的差事。就这样，他又成为了一名木器厂的工人。父母心里盘算着，这一回，儿子的工作应该固定下来了吧？

木器厂各方面的条件较上一份工作都有明显改善，而且工作地点在县城能很方便地买到乔书领喜欢的各种报纸杂志。除了原来与他相伴数年的《辽宁青年》《黄金时代》等流行报刊，现在可以接触到更多的社会信息。这对他学习、认识问题，了解现实提供了很大的帮助。

在乔书领在木器厂工作的这段时间，改革开放已经全面展开，中国社会出现了翻天覆地的变化。村民们家家户户都有了余粮，日子慢慢富裕起来了。不但顿顿饱餐，天天足食，而且这几年的大年夜也过得越来越丰富多彩起来。从小“吃饱穿暖”的梦想，就像从高高的天空突然掉到人间一样，就这样轻而易举地实现了。

生活改变得太快了，乔书领心理上有些准备不足，他觉得这一切简直不可思议。各种新消息仍然源源不断地从外面传来，种种迹象似乎在昭示着一种更加诱人的未来。

乔书领密切关注着社会上各种日新月异的变化，看到有的地方已经在搞个体经营，还有不少发家致富的报道，内心就有一种跃跃欲试的冲动。其中有关农民科技致富的消息，对他充满了无限的诱惑，他很想辞职回家，自己找个项目单干。但转念想到当前这份工作来之不易，犹豫了好久还是压在了心里。

又过了一段时间，他实在憋不住了，找了一个合适的时机，委婉地向父亲说明了自己关于辞职的想法。但他还没有说完，就被父亲打断了：“瞎想什么呢？你现在的工作有多少人想去还去不了呢，要不是你大伯的面子，你以为你能进去？”

“咱们家的脸就这么大，要是这次再不干了，以后也别想再找你大伯了！”父亲紧接着又抬出了乔书领又尊敬、又有些害怕的大伯。

乔书领关于个人创业的想法并没有向父亲一下子说清楚，不过他本来就没有想在今天就一蹴而就，但也没有就此罢休，只是抓紧这点时间向父亲简单地介绍了一些科技致富的消息，算是先进行一点心理铺垫工作。

父亲听了以后没有表示什么，只是说："先回去上班吧，这些弄不明白的事以后再说。"

乔书领是个性格非常倔强的人，现在既然话都说明了，他就开始隔三差五、三番五次地向父亲表达辞职的愿望。但父亲的态度还是非常坚决，同样被五次三番地顶了回来。这件事，似乎是不了了之了……

20 岁创业：养猪和养鸡

到了 1980 年，乔书领在木器厂已经干了两年的时间，他觉得这个工作虽然很好，但还是与想象的不太一样：在这个地方能了解和掌握的东西，也就这么多了，不可能有更大的进步了。他越来越想自由自在地发挥一下想象力，好好干一番自己的事业。

那时候，乔书领也知道没人会同意自己的这个想法。他反复思考了好几天，终于下定决心，私自辞掉了木器厂临时工这份安逸的工作，拎着自己搜集的有关科学养殖的书籍，背起行李卷，回家了。

一石激起千层浪。乔书领特立独行的行为让家人和村民们大跌眼镜，引来一片非议之声。

父母亲对他事先都没有与家人打招呼就辞职的冒失行为非常不满，但赶也赶不出去呀，怎么办呢？一家人出现了对立情绪，都不跟他说话。他的行为也确实让父母为难：刚刚千辛万苦走出苦海，还没来得及尝到改变带来的甜头，怎么又一下子跑了回来，这是瞎折腾什么呢？

面对重重压力，乔书领倔强的一面再次展露出来。他咬破手指，写下立志的血书，宣示自己的决心。那种强硬的、铁了心要回家的态度似乎在对父母说：“反正我是不干了，爱咋地咋地！”

乔书领这一招，在此前曾经屡试不爽。时间长了，他心里面也就有了底：“不论父母亲在表面上怎么反对，也只是提个醒，说说而已。内心实际上还是无条件支持自己的，有时哪怕是自己错了，父母亲也会支持。”

不过毕竟已经长大成人了，他在抗争的同时，找准机会再三向父母讲解自己通过学习了解到的信息，列举了一些与农业致富有关的例子，使父亲慢慢明白了他的道理：这次回来不是接班务农，而是要干当时人们所熟悉的农业之外的“副业”。

乔老爹生性善良朴实，同时也是眼明心亮之人。在上次乔书领说过辞职意向之后，自己也从各方面打听到一些农民致富的消息，而且对于一个农民来说，当然懂得副业对于家庭收入的重要性。眼看着三里五村都在发生着前所未有的变化，乔老爹不会不为之心动。说实话，要不是年纪不饶人，以他的不老之心而言，说不定也会出去闯荡一番的。“可今非昔比，年龄不饶人呀！”

长江后浪推前浪，一代更比一代强，让年轻人当主角去闯天下，正是这个时代的要求呀。乔老爹面对乔书领回家干一番事业的决心再次妥协，“这个逆子，拦也拦不住，随他去吧……”

这一次，乔书领终于又得到了父亲的首肯和支持。

有了想法，接着就是落实，选项目。

农村人的生活水平提高了，在吃饱了之后，会剩余一些粮食和产生一些食物的下脚料，有不少农户就选择了家庭式养猪。但慢慢的，各家自产的猪食不能满足饲养的需要，于是就必须向市场购买猪饲料。

乔书领就看准了这个机会，认为加工饲料是个致富的门路。项目就这样确定了。

再下来，当然就是钱的问题了。父子俩达成共识之后，父亲为他变卖物品，东筹西借，准备好了启动资金。

随后，乔书领买回一台饲料粉碎机，专门给别人加工猪饲料。

因为看得准、服务好，经过一段时间的经营，他的小生意还十分红火，小有收获。

走上社会后进行第一次创业实践就旗开得胜，大大激发了乔书领的创业热情。

做豆腐，是农村人皆熟知的一门大众化技术。这门技术也自然成为改革开放之初很多人从事个体经营的首选。乔书领在加工猪饲料的同时，看到下游养猪客户有更大的经济收益，不久，他又有了新的想法。

不过他的想法与众不同，胃口很大，或者说是想得太远。他想：要是能在现有的猪饲料加工业务之外，办一个机械化的豆腐加工厂，除了做豆腐，还要用做豆腐产生的豆腐渣来喂猪，顺便连养殖业也办起来。这样的话，不但消化了做豆腐产生的多余产品，还带动了养殖业的发展。同时，再将猪的粪便收集起来，用于农田的施肥，这样一来，土地也会地力十足，农业生产也就跟着增产丰收了……

以加工业带动养殖业，同时以养殖业促进农业发展，这个创业梦想太大了！

梦想归梦想，就算梦再大、再美，也得有落实的条件，也得接地气，终究还得回到现实中来。乔书领此时不得不保持了“冷静”的头脑，他非常清楚自身的实力，所以现在只能大梦小做，从单一项目入手，等这一块做成做好了，慢慢再图发展。

他调整了思路，将养猪确定为创业的重点突破口。尽管如此，从当时的家庭财力、市场环境、经营经验和个人精力上考虑，乔书领能实现的养殖规模，也并不会太大。

乔书领的想法老是变来变去的，确实让人有些眼花缭乱，给人一种“瞎折腾”的感觉。当他再次向父亲提出新想法时，“去、去、去！这还没干好呢，又瞎琢磨上了。哪有那么多的钱让你这样折腾？”马上就被否决了。

两个弟弟一直是乔书领业务上的助手，互为支撑，形影不离。当弟弟们听说他要开办养猪场时，也表达了不同意见：“人家到了你这个年龄，都忙着说媳妇，张罗着成亲了。你这么一搞，把全家人的精力、财力全用在这上面，成亲的事就没影儿了。”

一位本族大娘更是爱管闲事，专门跑过来对父母说：“你们家那个孩子就是花花嘴，他想怎么干就怎么干，你们当大人的就管不住他？”

四面楚歌呀，乔书领成了孤立无援的少数派。

这可如何是好？从种种迹象看起来，如果这一次的创业资金还是局限于在家庭内部解决，肯定是难上加难。乔书领转念一想：此路既然不通，那我只好另寻他路。

他很早就是中央电视台《新闻联播》栏目的铁杆观众，平时也关心国家大事，对政策走向了解得很透，所以他相信，党和政府应该是支持自己的创业行为的。他想：“不妨联系一下，试一试，大不了算没事，又丢不了什么……”

乔书领真是初生牛犊不怕虎，他放弃了依赖父辈、通过亲朋关系寻找机会的老套路，将目光转向了乡党委，动手给乡党委书记写了一封信，希望党组织支持自己的事业。

书记看到乔书领的求援信之后，被这位勇于拼搏的青年创业者深深地感动了：“后生可畏呀！值得鼓励。”

书记大笔一挥，写了一个批示，叫乡供销社系统支持了乔书领500

元钱的启动资金。

500 元，在当时可不算少。乔书领拿着平生第一次向政府借来的钱，心中充满了感动和自豪，他几乎是一路唱着歌跑回家的。

到了家中，向大伙展示了自己的本事和成果。这一幕把家人惊得够呛，不约而同地投来了赞许的目光，都不明着反对他了。

乔书领又从上次经营的积累中拼凑了一点本钱，这样一来，凑起来的钱总算可以进行小规模的养猪经营了。

乔书领在当天晚上竟然久久没能入睡，一直瞪着眼睛设想着关于养猪的事儿。

第二天，他拉着弟弟一块儿跑到巨鹿县的集上去买猪崽儿。

哥俩到了集市上，来回走了好几趟，根据平时掌握的知识一遍一遍地仔细观察着集市各家出售的小猪崽儿，身体壮不壮，成色如何，挑来选去，总共买了 12 头小猪崽儿。

哥俩将猪崽儿聚拢在一起，赶上车，圈起来，拉回家中，搞起了自家的养猪场。

在他和弟弟买回猪崽儿的情况下，开始还不同意的父亲既不放心也碍于面子，只能选择晚上的时候，偷偷地去看那些个小猪崽儿的成色怎么样。

父亲一看，那些小猪崽儿个个都特别壮实，有几头在黑夜里还不老实，跑来跑去的，心里就很高兴。回家后，对母亲悄悄夸起了乔书领："没想到咱儿子这么有出息呀！我看着他买的小猪崽特别好，还真行！确实是个做买卖的材料！"

这次养猪，不同于此前"养"机器，猪是要张嘴吃饭的，而且还会有生老病死，甚至还有喜怒哀乐。乔书领为了养猪不但投入了本钱和辛苦，还投入了自己的感情。

为了让猪健康成长，他每天起早摸黑，配制猪饲料，拟定猪食谱，将猪圈打扫得干干净净，还用草木灰给猪圈消毒；为了保证猪食充足，他拉着双轮车，两天一趟来回 100 多里，到宁晋县酒厂拉酒糟饲料，连春节也不曾中断；为了让猪仔愉快地进食，他要同时放着优美的音乐为之佐餐；他甚至在猪圈中搭了一堵隔墙，盖了一个地棚子，与猪同宿！

乔书领的忘我投入感动了父亲，也带动起弟弟们的劳动积极性，一家人有空了就过来给他搭把手，跟着他喂猪干活。大家在一起共同劳动的情景，让乔书领很是高兴，对养猪的前景也充满了期待。

8 个多月过去了，乔书领和全家人为养猪付出了艰苦的劳动，好在这 12 头小猪崽非常争气，一次病也没有生过，一次伤也没受过，一个个长得体大膘肥，已经到了出栏的时候了。

乔书领特地选了一天，用一辆拖拉机拉着成品猪，上交到县畜牧局去了。

售出之后，他得到了一笔多达成本投入两倍的可观收入，算下来总共挣了有 500 多元钱。

养猪卖钱还不算，因为自家地里种的小麦上了更多的猪肥，所以长得比谁家的都好，乔书领一家的粮食也获得了大丰收。

养猪致富的消息也传开了，乔书领的事迹受到了邢台市团委的重视。不久，市团委授予乔书领“养猪能手”称号。

乔书领养了一年的猪，挣了钱，一切看起来都顺风顺水，但在他的眼里，这个项目的经济效益仍显低下，无法满足他的挣钱欲望，于是又一次产生了转型的想法。

他从报纸上看到“利用煤油灯孵小鸡”的致富信息，便决定向养鸡方向转变。当然不是简单地养鸡卖鸡蛋，他要把握上游业务的主动性，通过孵小鸡为下游客户提供种鸡。

乔书领身为家中长子，这时已经成长为家庭经济事务方面的当家人，在一定层面上具有经营决策权，也具有人事使用权。所以只要他决定了的事，其他人不论同意或不同意，也只有按命令执行的份儿。

他当时安排弟弟担任养鸡项目的技术人员，并让他到隆尧县以南不远的地方去学习掌握“煤油灯孵小鸡”这门新技术。

弟弟学成归来，哥俩筹款购回八个孵化器，并买回 1000 只种鸡，借了生产大队的空房子，办起了种鸡孵化场。

根据技术要求，对小鸡孵化具有促进功能的煤油灯必须保持长明不熄，另外，孵化过程中还要早晚将鸡蛋翻面转换角度，以保证鸡蛋表面受光均匀，温度一致。

这时出现了两个新问题，一是长明耗油太多，节节盘升的成本确实吓人。二是鸡蛋一天数次翻来翻去，工作量太大，让人有些不胜其烦。乔书领不管这些，当起了“光杆鸡司令”。

为了照顾好小鸡，他秉承了一贯的工作作风，坚持与小鸡寸步不离，日夜住在鸡舍里面。

有一天，他劳累过度，体力明显不支，不知不觉睡着了。谁曾想睡着后碰倒了身边的煤油灯，引发了一场大火，整个鸡窝、鸡圈都着了起来，那些无处躲避的小鸡多数变成了“烧鸡”。

庆幸的是，掉下来的柴火棍子砸在昏睡过去的乔书领身上，同时满屋子的烟气呛得他终于苏醒过来，得以死里逃生。要不然，可就不只是被烧伤了肩膀，恐怕不是中毒，就是被烧死。

乔书领醒过来的第一反应是赶快回家喊人救火。

大家闻讯快速赶来，打开电动抽水机抽水，然后用盆端、桶提，好一通水浇。不曾想火还没灭，电线却因为浸了水，短路跳闸了。机井的水一下子上不来，水管也像泄了气的皮球一样蔫了下去……

当大火现场一切归于沉寂之后，乔书领望着眼前的断壁残垣，心情有些悲伤。

回到家中的时候，家人并没有如他所想的那样进行责问，反倒是问寒问暖，悉心地照料他。乡亲们在得知他被烧伤的消息后，也自发而来，有慰问的，有送药的，甚至还有人专门弄了鸡蛋清，给他抹在伤口上……

常言说：水火无情。一场大火过后，彻底将乔书领烧回了原形，他财物两空，又变得一无所有了。

这时候，一些难以入耳的流言蜚语又从四面八方飞了过来，让他成为部分闲人茶余饭后的谈资。

在一片质疑声中，孤独的乔书领唯一能够感觉得到温暖和幸福的事儿，是他的事迹竟然上了《中国青年报》。这份由共青团中央主办的全国性大报，能够如此深入细致地关心一个农村青年的创业事迹，不仅是一个莫大的荣耀，而且对于逆境中的乔书领来说，更是一个雪中送炭的支持和鼓励。所以，虽然报纸用的题目“怪人乔书领，养鸡变烧鸡”显得有些调侃，但其中所蕴含的这份幽默，也只有他能理解，并深深地打动了他，让他学会用一种坦然豁达的心态去面对一切困难和考验！

由于乔书领承受着巨大的压力，所以只能保持克制和低调，静下心来疗伤和思考。他延续着读书看报学习的习惯，努力从中寻找着再次从零起步的机会。经过一段时间的休养，终于伤病初愈了，他的创业梦想，慢慢的也再次成型了。

1983 年，乔书领整理了简单的行装，带了点路费，义无反顾地走出了那片古老的黄土地，到北京去寻找致富信息。

在北京站候车室度过的半个月

在此前乔书领养猪的时候，曾经受到了乡党委书记的大力支持，给了他很大的激励和启发。现在他设想中的事业虽然还没有形成具体的思路，但计划在科技含量和经营档次上应该有所提高。这样的话，就得有一个较高的起点和平台。

他看到在县、乡基层能够有所成就的可能性不大，于是准备先找到一个可以提供合理建议，并能引导自己方向的单位，向对方请教一下致富的方向，然后，再进一步确定创业项目和实施细节。

他早就想好了，决定直接找邢台市团委，试试效果如何。

乔书领到达邢台市之后，找到团委办，表明了自己的身份，然后诚恳地提出：希望团组织给提供一些帮助。

团委书记亲自接待了他，认真听取了他的创业事迹汇报，深为感动。

书记手里没有直接的科技信息，但“不能让眼前这个有事业心的小伙子失望呀”。他想到了北京的各类科研院所、各个部委的科技信息应该非常丰富，就对乔书领说：“小乔，这样吧，你去北京找找团中央，他们那地方大、资源多，让他们给你介绍一下，应该可行。我给你开一封介绍信。”

书记给乔书领开了一封介绍信，信中说希望团委系统从更高层面和更大范围里，给乔书领提供一些致富的科技信息。

首都北京，是乔书领从小就无限神往的地方，也确实是他寻求人生梦想和希望的圣地。他怀里揣着邢台团委的介绍信，带着满心的感激和兴奋，踏上了开往北京的列车。

乔书领从来没有出过远门，头一次出门，就要独身一人去北京，心里多少有点没底。他在心里给自己暗暗打气：“打起精神，鼓起勇气来！虽然是头一回，但这回要是再失败了，以后可就更难办了。一定要旗开得胜，马到成功！”然后，将两只手紧紧地攥成拳头状，使劲地挥了挥！

乔书领走出北京站，刚刚踏上首都土地的那一刻，脚底下有点轻飘飘的。定了定神，抬眼望去，马路上汽车和人这么多，来来往往，忙忙碌碌的，还是觉着有点晕——北京好大呀！

他注意到候车室里人潮涌动的情景，想了想：“里面这么大，晚上正好在这地方休息一下。”

在北京办事可丝毫不敢怠慢，必须抓紧时间办出一个结果。出站后的头一件事，就是找到团中央所在地。乔书领倒也毫不含糊，小心翼翼地向路人打听，换了几趟车，来到了团中央。

“还不算难找嘛……呵呵，看起来还行！”首战告捷，很是得意。他理了理衣服，郑重其事地走了进去。

工作人员看过了邢台团委的介绍信，听说了他的创业经历和个人梦想，也同样地为之感动了一番。但是，团中央不是企业单位，手中没有经营项目和科技致富信息。

他与工作人员“商量”了一会，团中央决定再给他开一封介绍信。

信中大概意思就是：现有河北省的一个青年乔书领，正在寻求创业项目，请各个单位给予支持，云云。工作人员让他拿着这封介绍信，去找找在北京的各个科研单位，接接地气，看有没有合适的致富项目和实用技术。

乔书领接过了这封信，满脸都是感激的神情。然后，很礼貌地向团中央工作人员道了谢，退了出来。他特别留意了一下时间，这时，离他到北京刚过去半天。

这封信，使乔书领的勇气更足了。

第二天，乔书领随身携带着各种证明，扛着行里卷，手里拎着自带干粮，开始马不停蹄地进行他的“科技攻关”。

此后，他但凡看见有“科学”二字的机关和单位就迈步而进，如果进错了庙门，就退出来重找下一家；如果跑累了，就在路边坐下来休息一会；饿了，就喝冷水吃馒头；到了夜晚，就回到北京火车站候车室“借光”。

一家、两家、三家，一天、两天、三天，农业部、林业部、中科院……

记不清已经拜访多少家了，乔书领手中已经收集了很多信息，其中有什么种植苹果、制作甜糕点，等等。但是，这些个体户作坊式的项目都不符合他的要求。

乔书领继续“瞎撞”，终于有一天，撞进了农科院，遇到了一生中最大的贵人——权威草坪专家、中国草原学会理事长、农大教授贾慎修先生。

乔书领走进贾教授的办公室，按照已经习惯了的套路，向贾教授出具了团中央的介绍信。在得到对方的善意回应后，他进一步有针对性地介绍了一下自己的情况，并特别真诚地说，希望贾教授给自己提供一些帮助。

他的执着、诚实和朴素打动了贾教授，于是让这个农村小伙子坐下来，好好地询问了一番，同情和欣赏之余，贾教授对乔书领的创业精神给予了极大的肯定和鼓励。

当二人说到关于科技致富的问题时，贾教授直截了当地说：“你就种草吧！”

乔书领又晕了，问道：“我只知道庄稼与草势不两立，农民种地必须除草，这是天经地义的事儿。我们农村满地的草都没人要，难道，还需要专门种草？草坪，又是干什么用的？”

贾教授见乔书领一时没有明白过来，和蔼地笑了笑，紧接着对他说：“草坪有净化空气、美化环境、降低噪音和调节温湿的作用，滞留尘埃的能力比裸露地面大 70 多倍，一公顷草坪昼夜能释放氧气 600 多公斤，城市的草坪还可以为人们提供运动、休闲和娱乐场地的功能，这与你所理解的农村的荒草有所不同。在美国，草坪种植业为 50 万人提供了就业机会，每年创造了 500 亿美元的产值，成为可与航天、汽车制造行业相提并论的‘十大产业’之一。我国草坪种植业很落后，与西方发达国家提出的‘不见寸土’的要求简直无法相比，还是一个没有人去搞的空白区域。”

贾教授进一步向乔书领科普了关于草坪的相关知识和种草的意义，使他大概了解了这个项目的基本概念。

教授平易近人的作风和对农村表达出的深厚感情，让乔书领感到十分亲切，觉得这位循循善诱的贾教授实在是一位几乎无所不晓的科技大师，一位德高望重的好人，不由地令他崇拜有加。他听得入迷了……

乔书领继续聚精会神地听贾教授讲：“现在，改革开放刚刚打开局面，城市建设将全面展开，对草坪和绿化的需求将会越来越多，发展前景可想而知。如果你能现在就抓住这个时机，提前掌握种草技术，将来一定会大有作为。”

说到行业前景的时候，乔书领有些回过神来，想起来二人的对话应该有所互动，于是，向教授频频地点头称是。

贾教授看到乔书领的求知态度非常真诚和执着，心中有意成全乔书领的人生和事业。不仅送给他一本名为《草坪学》的专业书籍，让他从中学习种植草坪的方法，还进一步建议他，可以到全国花木培训班学习一下专业技术，如果愿意的话，自己可以为他安排。

没有上过高等学堂的乔书领心里当然是乐不可支，除了点头称是，激动得几乎有些无言以对。他又木讷地站在那里，顺着贾教授的思路想了一会，觉着这个项目很可行。

等到乔书领从农科院走出来，已经过去了半天的时间。他在路上总结了一下，认为种草这个事儿有很强的创新性和挑战性，这正是自己喜欢的。于是在心里头暗自说道：“这一趟遇见贾教授，真值！”

此后几天，谨慎的乔书领几乎是排除性地继续走访了一些单位，但转来转去，没有一个项目能与贾教授的草坪项目相媲美。他最终决定，自己的下一个合作对象，就是贾教授了！

在贾教授的介绍下，乔书领花300元学费上了平生第一次有教授参与的高级学堂。这还不算，临走时他还花1000元买了40斤美国“早熟禾”草籽，带回家乡去试种。

乔书领从北京满载而归了，这些天的忙碌让他终生难忘。他细细算了一下，自己已经不知不觉在北京站候车室住了半个月的时间，但这半个月对他而言，似乎过得太快了。

全国第一个种草坪的人

乔书领背着希望的种子，带着满心的欢喜，快快乐乐回到村里。

外面的世界很精彩，农村的落后真无奈。

乔书领一反常态的行为总是让狮子圪瘩村的村民们无法理解，这一次的“忘祖”和“忘本”行为再次炸了营，世代视草如天敌的农家人无不瞠目结舌，各种挞伐和非议之声轰然再起，有人甚至说他是“没有脑子的神经病。”

“这些东西吃不能吃、喝不能喝，能干什么用？二十四五了不娶媳妇瞎折腾，尽干些女人们的营生，谁家的闺女会嫁这种人？”更多的人是在议论与娶媳妇有关的话题。

外人说说也就罢了，但姑姑家的表弟也不顾长幼之别，觉得自己受了牵连，竟然赶上门来，对着老实的父亲指责起来，“你不嫌丢人，我还嫌丢人呢！”。

一家人跟着他饱受“株连”，家庭形象直线下跌。父亲为此一时情急，一边追打乔书领，一边骂他“不成器”、“败家子”、“不务正业”……

父亲发火是有原因的。

大家别忘了，这时候的乔家三兄弟，还是赤条条的“三条光棍”，身为老大的乔书领已经二十四五岁了，再不成亲的话，就将悔之晚矣。

这次外出“取经”，虽然一路上节衣缩食，但还是花了家中不少的积蓄，尤其是花了好几百块钱，上了什么从没听说过的“培训班”，这对种地毫无用处。更令人气愤的是，他自作主张买回来这么一麻袋别人想扔都没处扔的草种子，这不是败家，不是不务正业，是什么呢?

受这件事情的影响，此前已经陆陆续续上门来提亲的人们，现在一下子全都消失得没了踪影。

“真的是不成器呀！”乔老爹一声长叹，不知如何是好……

这件家庭小事，能在村里引起这么大的反响，带来这么大的压力，从表面上看起来，乔书领似乎又到了最困难的时候。

但这还是没有出乎他的意料之外，当然也不可能动摇他的决心。这时候，乔书领心中是底气十足的：创业需要的最大投入——种子款和培训费，在北京期间该花的都已经花了，未来的经营已经不需要进行新的资金投入。现在唯一欠缺的，无非就是种草用的试验地而已。

想到这儿，他更加信心满满：现在不同从前了，每户农民都可以自主经营，想种什么就种什么，没人管你。如此一来，当然也包括可以种草了！也就是说，所有的基本条件都齐全了，只要父亲能够支持自己，从自己家的责任田上划出一块来，不就行了?

凡事就怕认真二字，只是乔书领这一次不屈不挠地坚持自己的想法，表现得有些不同以往，这让父亲开始担心起他来了。

父亲其实在背地里一直注意着他的一举一动。发现这次选回的项目完全是荒诞不经的东西。回家之后呢，也不像以前那样积极地向家人进行解释，也没有向自己提出什么新的要求，而是多数时候总是保持着默默不言的样子。

乔书领这样的状态父亲从来没有见过。想来想去，后来想到他在外面是不是有什么事瞒着家里，是不是因为什么事让脑子出了毛病？

想到这儿，父亲感到一丝凉意，一连好几天都不敢对他说一句可能有刺激意味的话。

终于，在乔书领看书的时候，父亲满脸愁容地走过来，用手轻轻地拍了一下他的脑门子，问："儿子，脑子没问题吧？"刚说完，脸上就流露出一副快要哭了的模样。

乔书领这几天之所以很少说话，一是用沉默表达自己的态度，二是一直在脑子里思考如何种植草坪的事儿。他明白自己不如父辈们会种庄稼，但多年的农村生活经历，就像了解做豆腐的技术一样，在耳濡目染之间人人都会比划几下。但是这种草坪的活与种庄稼毕竟还是有些不同的，特别是人家贾教授指出的技术规范和要求，怎么样才能把握得更准确一点，一定要好好琢磨一番。

他没有想到，自己的表现会引起父亲这么可怕的联想。看到父亲，都被吓成这样了，也吃了一惊，于是赶紧站起来，有些嗔怪地说："爹，想哪去了，没有事啊，我这脑子清醒得很呢，在想种草的事儿呢。"

他转念一想，自己再这样下去也不太合适，应该好好向父亲说一下了。但怕父亲一下子转不过弯来，就先换了一种很轻松的语气："不信，你再问问我别的事情，考考我？"

父亲看乔书领反应还挺敏捷，除了没与自己多说话，与以前也没什么区别，心上的一块石头总算落了地。

静下心来之后，父亲又仔细地想了想：要说种庄稼，要求精耕细作，像儿子这种没怎么下过地的人，缺乏经验或许种不好。种草这事，以前虽然没听说过，但在村里谁没见过草呀？将长出来的草稍微收拾收拾，不就行了？就算荒废了的农家活估计也比这复杂，其实根本就不能算是一个活。农家出身的乔书领再不懂行，这点活也肯定是可以胜任的。再说了，即便种不好，长不成，只要孩子没事，别的什么都不重要。想到这，父亲有些释然：“由他去吧！”

乔书领也没闲着，他找了个时间与父亲交流了一下，虽然父亲对好多事还没弄懂，但态度上总算正常了一些。

父亲从责任田中给乔书领划出了五亩地，供他随便“玩”。乔书领则在众人都不太理解的情况下，独自一人开始了种草试验。

因为有了此前的学习，干起活来也完全是得心应手。他按理论的要求对土地进行了深翻和平整，将草籽均匀地播撒进去，然后，像母亲照顾婴儿一样，几乎日日夜夜守在田头。

过了几天，眼看着草苗一株株、一株株，慢慢从松软的黄土地里顽强地钻了出来，越来越多，从远处望去，形成了一条条绿茸茸的毛线。再往后，一条条绿毛线相互挨得更近了，整片草地渐渐拼成了一片稀稀疏疏的嫩绿色的海洋。草的颜色在一天天变深，到后来，草与草挤在了一起，连成了一片，像上了油漆一样，绿油油的。

父母亲虽然因为儿子种草的事在村里被乡亲们笑话，无法抬起头来做人，但还是很想支持儿子的行为。于是，二老就想着法儿，绕着弯儿，悄悄来到乔书领的草地里帮他干活，这让他如虎添翼。

一分耕耘一分收获，经过三个多月的精心呵护，那五亩草坪在太阳底下看起来齐整如毡，光艳照眼，碧色诱人。乔书领的种草试验，终于成功了。

乡亲们从来没有见过这种稀罕玩意，有的人也很乐于看别人的笑话，所以当草坪长成之日，村民们就奔走相告，“快来看呀，书领种的草还真地长出来了。”

来看的人真的很多，但没有一个是买草的。

当初贾教授也只是教给乔书领如何种草，却没有教给他如何卖草。要想将草“嫁”出去，还得另想办法。不过这也在他的预料之中：“怎么可能让别人帮你一辈子呢？自己想办法卖出去不就得了。”

“有事找组织”，乔书领早就计划好了。他先是专门弄了一个很坚固很好看的小盒子，然后把精心收拾好的草坪样品均匀地放在里面。打点完成，他再次找到了邢台市团委。

都是老熟人了，不用费太多口舌。邢台市团委给他开了一封推荐信，上书关于他的创业简况，及农科院和团中央的帮助过程，并希望各个单位订购支持等内容 。

乔书领准备工作做得很到位，信心满满地专门找周边地区一些大单位接洽。他先找到邢台市园林局，一打听，对方没这需求，于是赶紧出来，到别处继续推销。

话说当时，商品经济不发达，市场供求不对等，河北省邯郸园林局正在为邯钢进行园林绿化建设，但苦于无处购买现成草坪。这时候，乔书领正好带着草坪供货信息主动找上门来，这让园林局大喜过望。

当乔书领做了自我介绍之后，园林局一听路途这么遥远，有些不太满意。

但是时间不等人，那边的绿化工程还在等米下锅呢，想来想去也别无选择。于是，双方达成了买卖协议：现有的五亩草坪全部包圆，运输和费用由园林局负担，立马成交。

一切谈妥，园林局派了三四辆大汽车，浩浩荡荡地来到狮子圪瘩村。

农村平时很少见到汽车，所以当一队汽车来到村里，村民们不由自主地出来围观了，并各自发表“高论”，评品一番。除了看热闹，人们议论更多的当然是那个刚刚还被骂得狗屁不是的乔书领。他让人们感到奇怪，怎么在一夜之间乾坤倒转，成为村里的“神奇小子”了呢？

在人们的一片议论声中，草坪连续不断往出拉了好几天。后续结账付款等工作也按部就班，照常完成。这笔交易，乔书领的五亩草坪卖了 1 万多元！

1万元，了不得呀！村民们一度麻木不仁的神经被激活了，村里瞬间出现了“乔书领效应”，并迅速发酵。“50斤种子，5亩地，3个月，1万元”，这是村民给乔书领贴上的成功标签。

人们这些天竞相谈论起发家致富的话题，还有人蠢蠢欲动：“不就是种草这点事，谁不会呀……”一股潜在的危机，似乎正向乔书领步步逼来。

不过这笔生意临近结尾时的一个细节，再一次改变了乔书领，也让他得以走在了所有竞争者的前面。

邯郸园林局的肖局长似乎对这笔交易还心存芥蒂，当时对乔书领说：“小乔呀，我们大老远过来拉你的草坪，可真的是孩子比娘还要大呀！”他当时只顾着高兴，没有去想那么多，还是满脸赔笑，“嗯、嗯”地点头。

等回到家中，在美滋滋地享受完成功的喜悦之后，乔书领开始思考如何才能保持与邯郸园林局的长期业务关系，如何确定未来的业务发展方向。在梳理双方的对话时忽然想起这句话，觉得有些不对味：原来肖局长的话外之声是说，这趟草坪拉回去运费肯定比成本还要高。

这触动了乔书领的另一番心思：要是能在离客户近一些的地方提供草坪就好了，这样会降低运费成本，也利于扩大市场。

怎样实现呢？“既然贾教授可以向我传授种草的技术，我为什么不能再将技术传播出去呢？单凭在自家地里种草，收入总是有限的，不可能做大。况且，种草技术含量并不是太高，人们都学会之后，将来肯定不是那么好做……”

乔书领又有了新主意，他开始关注其他的种草方式。

全乡第一个万元户

1983年，对只有23岁的乔书领而言，真的是不同寻常的一年。

那时候，社会各界不约而同地将一万元视为一个很难达到的致富目标，一旦有人达到这个标准了，都会被冠以“万元户”的尊称。乔书领这一笔生意就像事先设计好了似的，恰恰符合了这个要求，这顶桂冠也名正言顺地戴在了他的头上。而且，万元户在当时可是少之又少，至少在整个乡里是破天荒的第一个！

乔书领成为乡里第一个万元户，对当地社会产生了极大的影响和冲击，让一度平静的村庄开始变得喧嚣起来。不过这次与此前完全相反，不但他自己和家人此前的形象得到了平反，而且还成为人人羡慕的致富能手，到处都在传诵着关于“万元户”乔书领的创业事迹。甚至有很多乡亲专门跑来，向他请教致富的经验。

他心里面非常明白，一次万元户或许好当，但要一直具备万元户的能力，真正的财富密码就不是社会上流传的“50斤种子，5亩地，3个月，1万元”这么简单的几个字了。这仅仅是浮在事物表面上供人们谈论的话题，真正的密码在他的心里，那就是：科学技术和新鲜思维。

面对人们的各种提问，乔书领倒也十分爽快，将自己的种植技术向来者进行讲解和示范。他没有激情昂扬的励志语言，只有简单的几句话。如果人们还不懂，就亲自演示一番，直到大家都懂了为止。

另一方面，他下意识地向人们传播外面的新鲜事物和科技信息，引导大家多学习和掌握科学技术，在可能时离开土地多到外部世界走一走。

这种传播的效果是润物无声的。受他的影响，当地也慢慢掀起了一股致富风潮。

第一次上报纸："祖辈除草我种草"

当乔书领科技致富的事迹在附近村镇广为流传的时候，各方新闻媒体也将关注的目光对准了他。

作为花草行业最权威的媒体——《中国花卉报》，毫不意外的第一个找到了乔书领，对他进行了专题报道，并用了一个非常打眼的标题："祖辈除草我种草，绿满大地心欢畅"。

《中国花卉报》，与乔书领可是有些前缘的。

此前，乔书领到北京搜寻致富门路，曾经多方拜访机关单位，科研院所和报社媒体，那时候《中国花卉报》刚刚成立，也曾是乔书领攻关的目标之一，为此双方相互有些了解，还保持着一定的联系。

当乔书领成为中国第一个以种植草坪为业的个体户时，在业务上具有高度行业共性的《中国花卉报》就一直紧盯不放，等到乔书领这笔交易成功完成之后，副总编张慕英老师捷足先登，与他进行了联系："我准备写一篇文章，将你自己的事迹记录下来，在报纸上发表，也算是丰富一下报纸的内容。"乔书领听了，满口答应。

他向媒体详尽地述说了自己的创业理念和致富思路："我是从农村走出来的，我计划走向省城，然后从省城走向京城，再走向全国……"

让他高兴的是，宣传自己种植草坪的这篇专题文章不但成功发表了，而且"祖辈除草我种草，绿满大地心欢畅"所表达的深刻内涵，还无形中提升了自己种植草坪的文化品位，给他精神上带来一片暖暖的春意。

这是乔书领长这么大头一次上报纸和新闻，着实让他受宠若惊，他也因此一直对张慕英怀着深深的感激，把张慕英当作自己生命中的一个贵人。

对于自己种植草坪的成功，乔书领在日记中进行了总结："无论什么行业，最重要的不是资产、金钱、房屋和设备，而是主意，因为想象比知识更重要。"

通过《中国花卉报》的这篇宣传报道，乔书领的大名开始远播五湖四海。

300 条毛巾慰问部队

到了 1984 年，那一场持续了多年的对越自卫反击战还在进行着。这个时候，比乔书领小五岁的三弟忽然有了从军的想法。

到了新兵入伍的时间，他报了名，到张家口地区的宣化当兵去了，此后，家中剩下乔书领和已经结婚成家的二弟成为了主要劳力。

战争的任何动向都会引发家人的关注。面对父母对弟弟的牵挂，乔书领需要时不时地对老人做解释工作，以图宽慰二老的心情。实际上，那种亲情连他自己也不可能置身事外。

有一天，当乔书领得知弟弟所在部队将要根据上级命令去前线换防的消息后，一度左右为难想了好久，最终，家国大义战胜了私情。他决定，用自己的实际行动向“最可爱的人”表达一下崇敬之情，特别是应该向弟弟传达一种坚定的信心。

弟弟所在部队的驻地，这时已调防到邢台地区的内丘县，几乎就算是本乡本土了，所以来去很是方便。

于是，他买了 300 条毛巾，骑着摩托车，亲自送到了弟弟所在的部队。

千里送鹅毛，礼轻情义重。在这个重要的关头，部队领导对乔书领致富不忘国家的大局观深表折服，不但热情接待了他，还专门安排他向战士们做了现场报告。

乔书领没想到部队会对他这么重视。

从没上过讲台的他看着台下一大片绿花花的军服，心里一度有些紧张，但转念想到这样一群比自己还小的青年将要奔赴随时都可能失去生命的战争前线，一股崇高的感情顿时涌上心头，特别是看到台下队伍中三弟那渴望的眼神时，他一下子就有了激情，向官兵们表达了坚决支持弟弟上前线的决心，并对解放军官兵表示了诚挚的慰问："我赠送的这 300 条毛巾，只为表达一下我对人民子弟兵的敬意！"

真诚朴素的讲话，为乔书领赢来了一阵阵热烈的掌声。后来，他还收到弟弟所在连队的连长写给自己的一封热情洋溢的感谢信，感谢他对部队的无私支持。

乔书领的到来和讲话，让弟弟充满了自豪，也给了弟弟巨大支持和鼓舞。

随后，三弟随着南下的军队上了中越前线。再后来，因为表现优异，还立了三等功。

“先做草坪后付钱，草坪做不好倒赔绿化费”

《中国花卉报》的宣传报道发表以后，江西省南昌市监委主任邀请乔书领到南昌八一公园种植草坪。

他得知消息后，激动之余，觉得有些突然：没想到自己的名声传得这么远，没想到这么快就有了这么正规的大客户。乔书领兴奋过后，想起了自己早已确定好的业务发展设想，终于定下心来：借着这个机会出售草坪种草技术，一定是个好的开始！

主意一定，乔书领行李一捆，种子一背，带着技术离开了狮子圪瘩村，来到遥远的江西南昌传播他的草坪种植技术。村里有三四个人心甘情愿给他当助手，于是也一起出来闯江湖。

经过长途跋涉到达南昌之后，乔书领一行受到了南昌市监委高规格的接待。

在接风酒宴上，对方非常郑重地对他说：“中国革命的胜利就是在南昌打响的第一枪，也希望你种草坪的事业在我们这儿成功打响第一枪，然后走向全国！”乔书领当时觉得，对方似乎并没有将自己当成一个种草的个体户，而是中国草坪种植行业的学者专家选派过来的最权威的谈判代表一样。“这种感觉太好了！”事后，他对同伴说出了心里话。

乔书领的事业被上升到了一种新的高度，他人生的境界，一下子也同步提高了。人家对合作这样重视，表达出了真诚的合作意向，他当时也毫不含糊，拍着胸脯向对方保证：“种草坪，对咱农民来说不算难事，不过是翻地、平地、播种、施肥，都不在话下。我给你做成草坪再付钱，如果形不成草坪，一分钱不要！”

乔书领此前与邯郸园林局的那次交易非常成功，也积累了一些业务谈判技巧。这一次他在遥远的南昌市，直接面对政府官员，心里多少有些压力。为了体现出合作诚意，他抛开了那些自己并不擅长的花花肠子，用农民特有的朴实和豪爽进行他的第一次正式的商业谈判，没想效果还真的不错。从此，“先干活，后付款”这个承诺，就成为乔书领贯穿始终的一个与众不同的经营特色，也成为他独有的竞争优势。

与对方达成协议后，他们得到了大约2000平方米的草坪种植场地，大家就按照在家乡时种草的程序和方法，在异地他乡认认真真地操作起来了。

对乔书领来说，这片草坪种植规模虽然不大，但是意义非常深远。他明白，此时既然已经将业务发展的方向更多地放在了家乡之外的地方，就等于确立了未来的转型思路，转型的成败将完全系于此地。所以只有拼了全力去干好，才能赢得这块新的市场，未来才有希望。

他在想，只要有了这个模板，就标志着成功地走出了技术传播的第一步，此后就可以照方抓药，不断地将这一模式向更多的地方复制下去。事实证明，乔书领真地按照南昌监委领导的说法，在这里成功打响了外向发展的“第一枪”。

向外发展业务，需要确定一个思路。一般有两个途径，一是按照行政区划特征，依托邢台本地区现有的市场影响力，作为业务收入的主要来源；另一方面是利用媒体和各级团组织的助力，向更大范围寻求发展新业务。

乔书领开始按照外向发展的创业梦想一步步进行落实。第一步，他首先走出偏僻的狮子圪塔村，在隆尧县城开办了一家“隆青乔书领草坪集团公司”，作为当地业务的支撑点。

1986年，乔书领与邢台市大活泉公园签下了一份5300平方米的种草合同，经过一番紧张地忙碌，顺利完成种草绿化工程。

交工后，城建局的同志对他的绿化质量非常满意，高兴地对他说：“你为邢台绿化做出了贡献，希望你再接再厉！”这是乔书领主动出击的第一个成功案例，他对这笔业务也非常满意，从此进一步加大了开拓力度。

当年夏天，乔书领又给邢台市另一家客户种了3000多平方米的草坪，他的业务经验越来越丰富，影响力也越来越大了。

人常说：树大招风。随着乔书领种草致富的名声逐渐增大，慢慢地引起了人们的关注和效仿。有一个任县的公社干部，就靠着自己在各方面的优势，抢走了乔书领在邢台发电厂当时已经开工的部分种草业务。这是他遇到的真正的行业竞争对手，此人不但社会关系过硬，而且口才好，有知识，人也精明。经过学习了解，也掌握了种草的操作要领，然后组织了一班人马，将这个绿化工程做了下来。

不过，这位干部似乎没有什么太大的追求，没能像乔书领那样将种草当成自己的一个事业，也没有在本地之外的市场上有所建树，除了在邢台发电厂和附近地方陆陆续续做了一点绿化工程，然后就随着时间的推移，再也看不到他的踪影了。

没有任何背景可以依赖的乔书领可不会像公社干部那样安然自得，止步不前。为了实现更大的业务目标，他决定要通过以四处出击的方式，在更大的范围中去寻找和积累自己的潜在客户。

工欲善其事，必先利其器。乔书领为方便出行之需，专门买了一辆摩托车，这还不算，每当外出的时候，也要多带上一桶备用汽油，以防止半路抛锚。他还弄来部队才有的那种皮大衣、皮靴子穿上，然后，就像独行侠一样，带着行李，背着种子，怀揣着种草的技术，开始云游四方，孤身走天涯。

乔书领在山东、山西、河北各省到处跑，风餐露宿，日夜兼程。每到一地，他就专门去找园林局和那些新单位、新工厂，打听有没有新的草坪项目，打听项目情况，领导和负责人姓名，对方如何联系，行为规律，甚至业余爱好等。

因为他怀着良好的心态，所以每当遇到闭门羹，遭到断然拒绝时也毫不灰心，返身出来，继续寻找下一个，又碰壁，再接着找……就这样，乔书领的业务和客户经过一番苦心经营，明显增多了。

乔书领为推销草坪，不辞辛苦，四处奔波，每到一地就会绿化一片，前前后后已经记不清走过了多少坎坷路。唯一可以记录的是，先后竟然有两辆摩托车，为了他的事业而光荣退休了。这一路下来，邢台火车站、郭守敬纪念馆、石家庄长安公园，等等，都留下了他的足迹。

经过几年的努力，乔书领取得了可观的经济回报。其中，山西化肥厂 3 万平方米的草坪工程，挣了约 3 万元钱；邢台大活泉公园 2 万平方米，大概有 5 万 ~ 6 万元钱利润；邢台发电厂 4 万平方草坪，挣了 7 万 ~ 8 万元；邯郸钢铁厂 10 万平方米，挣有 10 万元；另外还有山东龙口发电厂，内蒙古丰镇发电厂等，都成为了他的客户。

乔书领也积累了不少的行业经验，一般大的项目他会将价格提得高一点，但如果是发电厂之类，就会比较便宜一些。不过事在人为，每一笔业务的具体价格会按各种不同情况进行估算，并没有一个固定不变的死价格。但是，为了拿下单子，他始终都会坚持承诺“后付钱，先做活，合格再付款”这个原则和认真做事的态度，并因此战胜了一个个的对手，从邢台走向石家庄，从石家庄又走向了北京。

这些年来，乔书领深深懂得“一招鲜”在经营和竞争中的意义，所以他一直在不断地创新，也就将“船大难掉头”的惰性和危机消灭在了萌芽中。我们从他的草坪事业发展过程中，虽然很难看出在哪一环节或阶段出现过业务不振的情况，但并不说明这个过程本身不存在惰性和危机。未焚徙薪和未雨绸缪，这正是他的高明之处。

获评“全国花木行业优秀十佳企业家”

到了上世纪 80 年代后期，改革开放已经全面展开，社会上出现了一波又一波热火朝天的创业大潮，乔书领的草坪业务也伴随着中国经济建设的脚步，完全走上了正轨。

因为在自主创业方面的表现突出，乔书领当选为河北省第九次共青团代表大会代表，并荣获“河北省青年新长征突击手”称号。

在 1988 年我国首届花木行业评选活动中，乔书领光荣地获得了“全国花木行业优秀十佳企业家”称号。同时他还获得了花协领导的题词。

在这次评选活动中，乔书领还非常幸运地再次见到了曾经引荐自己走上草坪种植事业的贾慎修教授。他向前辈加恩师表达了自己的感激之情，并讲述了这些年来的创业经历。

贾教授看到当年那个上北京寻找科技项目找到自己门下的小伙子，如今已经成长为我国草坪绿化领域少有的青年企业家，也感到十分心慰，并给予了乔书领更大的鼓励和期待。

今非昔比的乔书领再次成为各路媒体热衷报道的对象，也成为各级政府和党团组织关注的焦点。当地政府为了进一步鼓励更多年轻人投身于改革大业，特地将乔书领树为自主创业的典型。

1988 年，乔书领被邢台市评为“五大能手”，被农业部、团中央评为“科技示范户”。

找不到媳妇的人终于有媳妇了

前文说过，乔书领自 1983 年从北京学艺归来，在家乡种草成功，顺利地做成了首笔草坪业务。有了出售五亩草坪得到的这一笔收入，对乔家而言，无异于雪中送炭，来的正是时候。他除了考虑业务发展，想到的头一件事，就是赶快翻盖一下家中早已老旧的房子，然后，就是给二弟娶媳妇。

那几间老房子还是在上世纪 60 年代的邢台大地震过后，由政府安排统一建设的具有救急性质的“新农村”。当时的建筑条件和设计思路，决定了房子的质量和寿命，加上此后经济一直紧张，无力进行必要的维护保养，所以在走过了近一二十年的风雨沧桑之后，已经像摇摇欲倒了，每逢外面刮大风，家中必然刮小风，外面下大雨，家中必然下小雨。房子，俨然成为了头等大事。

不知不觉间，到了乔书领事业刚刚有些起色的 1984 年，眼看着家中都已经是二十好几的大姑娘和大小伙子。男大当婚，女大当嫁，不用多说人们也明白，这意味着孩子们都已经长大成人，到谈婚论嫁的时候了。

乔书领和父亲按照上世纪80年代流行的建筑风格和质量标准认认真真地设计了一番，买来砖石料、水泥、木头、钢筋等原材料，请来一班泥瓦匠，开始大兴土木。过了不多时日，三间漂漂亮亮的新式大瓦房在原来的地基上拔地而起。

植下梧桐树，引得凤凰来。自从乔书领家卖掉了草坪，盖了新房子，说媒提亲的媒婆们也络绎不绝地登门求亲来了。身为长兄的乔书领先为二弟操办起婚事来了。

二弟这段时间以来，为有这样一个能干的哥哥深感自豪。现在哥哥还要大力支持自己先娶媳妇，更是激动不已。

现在乔家的家庭条件不同以往了，也终于有了十里选一的可能，所以二弟很郑重其事地选来选去，终于选中了中意的姑娘。当然，对方也十分愿意嫁过来当乔家的媳妇。

天作良缘，小两口甜甜蜜蜜、快快乐乐地过小日子去了……

二弟娶了媳妇之后，在乔书领之上还有姐姐也待字闺中。但他十分支持姐姐的立场，舍不得让姐姐出嫁。对父亲而言，长子乔书领已经快要超过正常结婚成家的年纪了，给儿子娶媳妇，比姐姐出嫁更重要，是家中的头等大事。

有人也感到奇怪，问乔书领："你都多大了？为什么让弟弟先结婚占这个房子，却不给自己张罗张罗婚事呢？"

其实，乔书领何尝不想娶媳妇呢？大龄青年看着别人出双入对、甜甜蜜蜜的样子，一定会心生涟漪。可是当时经济实力有限，身为兄长，就要担负一份责任。同时，他又是一个心大如天的人，外面的生意还需要打理，婚姻之事索性不如暂时放下，等事业有了发展再说。

父亲也早就在留心乔书领的婚姻大事了。只是因为家里条件不好，小伙长的也不帅，而且人也过于实在从而显得有些老实，让不少女孩子望而却步，特别是在乔书领事业成功之前，除了落下一个“能折腾”的破落户名声，几乎是一无所有，难免给人一种前途未卜的危机感。所以，在创业之前以及创业尚未走上顺途的时候，别说有女孩主动追求乔书领，就连给乔书领说媒提亲的人都少之又少。

一般情况下，农村青年的双亲不会亲自去给自己的孩子说媒提亲，而是委托一个媒人，以保留一些的面子和回旋余地。但父亲为了大儿子乔书领的亲事着急上火，愁眉苦脸，甚至半夜睡不着觉，或者睡着了做梦，也全是些说媒定亲的事儿。

有一次，父亲看到同村一家人家的女儿挺不错，就不惜亲自出马上门为儿子说媒提亲。不幸的是，对方希望找的是一个收入和工作非常稳定、能吃商品粮的正式工人，一听说乔书领是那种自己干事的农民个体户，立刻告吹。

乔老爹没有放弃，一直东访西问，但尽管跑断了腿，也多是落得个“竹篮打水一场空”的结果。

乔书领为了事业忙得不亦乐乎，经过数年积累，具备了更加强大的经济实力，个人形象和身份价值也在同步提升，变得越来越像一支潜力巨大的“蓝筹股”。

于是很自然，主动上门来说媒求婚的人越来越多，这明显是一个令人鼓舞的积极信号。所以，他相亲的机会也增加了。

不过在给他前前后后介绍过的对象中，不是对方看不上乔书领的相貌，就是他嫌对方过于势利短见，很长时间过去了，还没有遇到意中人。

但凡人间事，因果皆有缘。

到了1988年，乔书领已经29岁了，眼看着直奔人生而立之年。这时，有一位以说媒为业的高中同学专程赶来，向乔书领介绍了一位与自己同村、也与乔书领同乡的姑娘。

好像冥冥之中自有安排，也可以说是媒人的眼光比较厉害。同学给乔书领介绍的这位姑娘，也是一位农村大龄青年，更重要的是，她也是因为坚持自己的想法，也想干点事，而错过了“最佳”结婚年龄。

父亲听说对方是一位喜欢做买卖的闺女，人长得好，又能干，于是按捺不住，亲自去女方家登门拜访，给儿子主动求亲去了。

上门后，就一再讲说自己这个大儿子虽然外貌不太出众，但是他骨子里特别要强，也很能干，等等。

当女方听说男方是一个专业种植草坪的青年企业家时，当然也比较兴奋。而且她认为，不论是凭自己的知识也好，能力也罢，只要是自食其力地在努力干自己的事业，而不是凭家庭和父辈的背景来生活，都是有前途的，是值得钦佩的。高兴之余，就同意见面相亲了。

见面那一天，乔书领骑着摩托车，由介绍人领路，往女方家中驰去。

因为不是一个村子，加上通信也不方便，所以到了之后才发现女方没在家里，而是照常去棉花地里干活了。于是，他们就直接去了地里。

到了地头，介绍人将女方从地里喊过来，相互认识了一下，双方就在地边聊开了。

乔书领当时一看，女方不管相貌还是谈吐，各方面都挺好，有一股强大的吸引力使他一见钟情，他觉得，这正是自己想找的那种类型。而女方也感觉乔书领人实在、有事业心，因而对乔书领也相当满意。这样，两人就开始谈起了恋爱。

经过一段时间的相处，女方觉得乔书领老实忠厚、虽然有脾气但也富有个性，做具体事情时，双方能不约而同地往一个方向共同努力，彼此感觉很有依赖感和信任感。乔书领也认为两个人互相能说到一块儿，想到一块儿，有事时配合得天衣无缝，还充满了乐趣和吸引力，真的是志趣相投，一往情深。

半年后，自然而然地，双方就跟媒人说“同意结婚”了。

婚后的乔书领夫妻，不论走到哪里都会被人们称赞有“夫妻相”，家中也好，工作也罢，一个主外，一个主内，一唱一和，共同上演着一出出令人感动的生活故事，体现着一股股浓浓的恩爱之情。

乔书领的妻子叫黄慧敏。在乔书领后来的人生中，黄慧敏既是贤内助，也是他事业上的好帮手。乔书领的事业成功有着妻子的一份功劳，而最让他骄傲的两个孩子，更是离不开妻子的抚养和教育。回首一起走过的二十多年，对于妻子，乔书领有无以言表的感激。

第三章

小区绿化获石家庄市市长盛赞

惊魂一刻——从草坪向园林战略转移之初的一个小插曲

由于事业越做越大，乔书领开始逐渐考虑从单纯做草坪向修建园林转变。在有这个想法之初，乔书领曾遭遇过一次小小的事故。有一次，乔书领骑着摩托车在山西省跑绿化工程，走到一处弯路，正好遇到一辆拉煤的汽车。路很窄，逼得乔书领无处躲避，只能紧紧地贴着车边。这时候，受转弯产生的离心力影响，从车厢上甩下一块煤来，一下子砸在乔书领头上。幸亏，他当时带着安全头盔，不但毫发无损，而且还愣是硬生生地把那个坚硬的煤块给击碎了，碎煤散了一地……

乔书领赶紧停下摩托车，一边摸着自己的头顶，一边愣愣地望着汽车的驾驶室，希望司机能停下车来看看情况。也不知道司机看见没有，汽车丝毫没有减速的意思，还是照着老样子走远了……

乔书领心里面“嗵嗵”地跳着，缓了好久才回过神来。

这真是阴阳两界走，生死瞬间事。要不是头盔护着，后果真是不堪设想。此后每次出门之前，他都会在心里祷告一下：“老天，请保佑我平安归来吧！”

山西省化肥厂草坪绿化工程终于跑成了。山西省化肥厂是中外合资企业，是国内引进的第一家大型外资化肥项目，时不时地，外国人还会出现在现场。

乔书领长这么大还没见过外国人。有一天他在绿化的时候，忽然看到厂区有外国人的身影，就觉着很稀罕，走了过去，想想看人家的“洋相”到底是什么样子。

他尾随外国人不知不觉地溜溜达达往前走，竟然走进了车间里面。当他看到那些“隆隆”运转的大型设备时，更让他目不转睛了，心里面不断地暗暗称奇，忘记了这种大型合资企业的进场规定。

继续往前走，到了转运车间，又看到往门外运化肥的大型叉车。这个看着更来劲，他想：“要是能用这玩意儿给我铲土平地，种草时可就省力多了。”

光顾着看热闹，一不小心撞上了上另一辆叉车，一躲没躲开，那辆大叉车的轱辘轧着了他的脚！

好险呀！多亏乔书领当时穿了那双种草时专用的高帮雨鞋，也幸好只是刚刚挨着点边，似乎并不严重。

他赶紧向对方解释，表明自己不要紧。但厂里还是很负责的，坚持带他到医院做了检查，院方也说没大碍，于是回家休息。

话说此前在乔书领揽成这个绿化工程的时候，不服老的父亲就硬闹着要跟着乔书领一块出来打拼。正好，工地那边有能住的地方，于是乔书领就想：“父亲出来也好，正好负责给大家打理一下后勤，也算是发挥发挥余热。”就这样，父亲还真的像小伙子一样，开始了新的人生。

这一天，老人从外面工作回来之后，突然看到有人送来不少的果篮和罐头，开始以为是朋友们送来的礼物，心里非常高兴：“儿子人缘还真好，有这么多朋友！”一边给儿子弄罐头吃，一边兴高采烈地冲着乔书领唱起了大戏。

乔书领一看，真是哭笑不得，说："爹，不是你想的那样，是他们厂里的叉车把我的脚轧了，这是人家给我买的慰问品……"

父亲一听，大吃一惊，赶忙查看儿子受伤的脚，已经肿得像面包一样了。

老爷子面露尴尬之色。随后赶紧对儿子一阵问寒问暖、宽慰安抚。

在异地他乡有父亲这样无微不至的关怀，让乔书领觉得"伤得很值"，看来带父亲出来的作用还是很大的呀……

这件事情并没有影响绿化工程的施工进度，一切还是照常进行，直到工程结束。

在这件事情发生的时候，乔书领的草坪业务已经像滚雪球一样越滚越大，陆陆续续形成了一批以华北为中心的客户群。与此同时，乔书领的企业管理经验和战略决策能力，也得到了升华和完善。规划下一步的企业发展，已成为乔书领需要认真思考的问题。

河北省省会石家庄，除了本身就有巨大的市场潜力外，还存在着可以辐射全省的市场号召力，从某种意义来说，占据了石家庄，就等于占据了河北省，就等于处在了华北地区的核心。看起来向石家庄进军已势在必行

到了 1990 年，乔书领将"隆青绿世界草坪中心"的牌子拿到了有 100 万人口的河北省省会石家庄，也正式开始由卖草籽、种草坪的初级模式向承包园林绿化工程的高级模式进行转型。这是他人生和事业实现第二轮腾飞的起点。

乔书领从 1983 年开始种草到现在成为草坪专家和草坪行业全国少有的企业家，前后仅仅用了 7 年的时间。这期间，他完成了从探索到辉煌的飞跃。而且，随着企业转型的开始，他和他的企业都将迎来更大的辉煌。

尖岭小区绿化获市长盛赞

乔书领成功进军石家庄园林工程市场之后，按照既定规划扩展草坪种植业务，开始从事园林工程。

种草本身就属于园林工程的一个主要部分，草坪是园林的血和肉，树木、灌木则是支撑血肉的骨架。要体现出园林工程的艺术性，就必须在实用性的基础上进行提升，让各部分实现完美结合，达成全局与局部的协调统一。这是乔书领对园林绿化的初步认识。

在业务上，乔书领为培养客户付出了无数辛苦和汗水，这是“面”的建设；在与每一家客户的接洽中都诚意十足，并将工作做到位，把自己的最好形象深深留在客户心中，这是“点”的建设。二者皆备，业务逐渐扩展到包括公园、新建小区和各类公共工程等在内的综合项目。

石家庄尖岭生活区绿化工程，是乔书领进军石家庄市场后最成功的范例，是经过了很长时间的前期培养之后，才最终成型。

“桥东区绿化办”，从名字就很容易看出来，这是一个专门管理城市绿化的政府部门，自然成为乔书领的重点突破对象。首次接触，乔书领能做的工作无非是“销售三板斧”：递名片、自我推销、描绘合作前景。不过对方当时并没有答应什么，只是相对客气地走一下过场。但是他所提出的“先干活，后付款；干不好，不要钱”的承诺，倒是让对方很感兴趣，也留下了与众不同的印象。

1990年，在乔书领忙于其他业务时，忽然接到来自桥东区绿化办负责人的电话，说他所居住的那个生活区有一个绿化工程，叫“石家庄尖岭生活区绿化工程”。他闻讯大喜，赶快过来与相关领导面谈。

通过交流得知，尖岭生活区是石家庄市的绿化示范点，“石家庄尖岭生活区绿化工程”是政府办的“十件好事”之一，其中包括了种草、种树等园林绿化要求。作为市里的重点项目，主要领导会亲自担任负责人。让人高兴的是，就是因为二人此前有过“名片之交”，所以这个绿化工程一出台，自然想到与乔书领的与众不同，就把他叫过来了。

经过谈判，乔书领竟然以比别人低一半的报价中标。这在他眼中也算不上不正常，但这可为政府省了很大一笔费用。

既然合同都签定了，乔书领也没必要去想这些。他要做的事情，是按照合同内容和工程规划按部就班、保质保量地进行绿化施工。

石家庄尖岭生活区绿化工程是乔书领在石家庄市拿到的第一个大工程，在质量管理上当然得严格把关。为此，他在所有工序上都要亲自参加设计和劳动，与工人们同吃同住，以此带动大家的积极性和责任心。另外，那个时候他确实无法舍弃对草坪的深厚感情，一天不干活，都会觉得六神无主。这倒也好，在满足自己的同时，也保证了工程质量，何乐而不为?

等到施工完毕，展现在人们面前的已经是一幅平整规范、造型优美的艺术品。于是，验收也顺利通过。

稍后在市里开展绿化工作检查时，“尖岭生活区绿化工程”被定为重点工程，为此，石家庄市主管城建的副市长也亲临现场。

市长围绕绿地转了一圈，他看到草坪修剪的就像一幅画一样，不由地回过头来对园林局局长说：“这个绿化真好！”

“这个绿化是谁搞的？”市长称赞有加之余，紧接着又问。

局长回答说：“是一个农民小伙子做的。”

市长对尖岭生活区绿化工程感到十分满意：绿化工作完成得这么好，看来很有必要利用这个机会召开一个现场会。为此，他让监委主任、园林局局长及相关人员马上到尖岭生活区开会。同时对乔书领说：“小伙子，努力工作，将来石家庄的绿化全让你干！”并让乔书领也一起参加现场会。

在大会现场，市长点名批评了园林局，说：“现在石家庄只有你们一个部门从事绿化工作，本来应该是这个行业的领军单位，可是现实却是让一个农民小伙子夺了头彩，说明对这项工作的重视程度还远远不够。人家将绿化搞成艺术，很值得我们认真学习和反思。”

言者颇多感慨，听者更加留心。在旁边一直默默陪伴领导参观的乔书领，对这一切看在眼里，美在心头，心中暗忖：“这草坪给我长脸了……”

现场有人问乔书领是怎样将草坪做成这么高的水平的？他说：关键一条就是修剪。一般的草坪要求是五公分高，如果修剪得好，一看齐刷刷的，就能体现出艺术性。养护工作也要跟上，即“三分种、七分养”，只有养得好，修剪才有基础，才能漂亮。人们由衷地感叹：“看来这草坪绿化还真是一门技术活！”

在市长亲自主持召开绿化工作现场会，并表扬了乔书领的绿化成果之后，乔书领又抓住这个机会，在第一时间诚恳地给市长写了一封信。

信中开宗明义，说想要将自己的草坪绿化技术无私地贡献给石家庄市的绿化事业。市场本身有竞争也有联合，为了更好地开展业务，希望将公司挂靠在石家庄市园林局，进行优势互补、强强联合，以此来打开绿化工作的局面。

收到信，市长认为，石家庄市在城市绿化工作方面确实存在种种劣势和不足，特别在技术这一块的短板非常明显，迫切需要乔书领这样的行业专家进行充实和提高。显然，如果与乔书领进行合作，发挥各自优势，是一件互惠互利的好事。于是，在来信上面就画圈批示“同意”了。

不过，园林局是行政管理单位，不具备独立的市场法人资格，还得想办法“落地”。乔书领就挂靠园林局下属的石家庄市园林科学研究所，合作成立了“草坪技术推广站”，他担任推广站站长，并亲任农艺师。

乔书领实现了鲤鱼跃龙门，一下子成为了具有官方身份的国营单位负责人，这在当时可是一件人人向往的事情。“人逢喜事精神爽”，此后每当对外一提“园林局”，连他自己都感觉“好气派”！这是乔书领在 1991 年完成的一件非常成功的“形象工程”。

与此同时，他还对施工设备进行了更新和升级，全部实现了机械化。此后，石家庄市但凡一有园林绿化工程的活儿，一定不会躲过乔书领的法眼，全部都会成为他的囊中之物。

乔书领的老朋友——《中国花卉报》又得到了这个消息，为此专门发表了一篇社论，大意是说，“草坪大王乔书领”通过自己多年来的辛勤打拼，现在实现了与国营苗圃的强强联合，从此可以联合承包大型绿化工程，等等。

此篇社论一发表，等于又狠狠地帮他宣传了一把，明显提升了在当地的企业形象，让他的事业锦上添花。

他这一期间承包了二十七军足球场绿化工程，面积有 2 万多平方米。

在施工过程中，他对工人的每一个工作细节都要进行细致入微的监督，不允许投机取巧和偷工减料，有不听劝告者，决不含糊，扣工资，再严重的直接开除。甲方业主有时也说“差不多就行了”，但他同样据理力争，毫不退让。

开始的时候，甲方本来没打算全让他做，只给了他左半幅的绿化。但部队首长看到左半边已经铺好的冷型草又厚又匀称，好像一块巨大而柔软的大地毯，一片碧绿，高兴之余，索性将右半幅的活也干脆让他全包了。

按一般的施工要求，翻土本来是春天的活，但乔书领接到任务后，按照“晒地加上粪”的农谚要求，抓紧时间马上就对右半幅场地进行了翻耕。他翻地也和别人不一样，不但要横着翻，竖着翻，还要浅翻加深翻，总数不少于五次。直到脚踩上去松软如棉，深没鞋帮，这样的话，明年种上的新草才会茂盛，草坪的质量才有保证。

这股子拗劲儿确实折服了不少人，难怪这几年的业务这么红火！

到了 1992 年，乔书领两年间在石家庄的种草数量几乎是前五年的总和，接的都是大工程，动辄上万平方米，业务规模实现了质的飞跃。

由于乔书领和他的公司为省会增添了处处新绿，以质优价廉和良好的信誉赢得了石家庄人民的青睐，所以他本人先后被石家庄军械学院和石家庄市委聘为“种草顾问”。

1992 年 12 月，《中国花卉报》再次约乔书领进行采访，到了双方约好采访那一天的中午 12 点，他却因为忙碌不在家，爽约了，妻子黄慧敏充当了他的临时“代言人”。

乔书领的事业在石家庄虽然安了大“家”，但他的这个小家却是就近租赁的，属于典型的城市驿族。媳妇黄慧敏一个人带着孩子，为他维护着家中这一弯精神的泉水，让他以饱满的热情和信心从这里走向四面八方。

家中陈设无几，唯有那一张石家庄市区图最吸引人的眼球。地图上面标满了各种符号，仔细观察会发现，那些红圈圈是他的业务对象。石家庄火车站、平安公园、市政府、部队大院等重点单位，还画上了一面面小红旗，全是在短短两年的时间里已经完成的工程项目。

若干年之后，石家庄的绿化工程市场几乎被乔书领“吃”了个遍，已基本实现了全覆盖。如果有条件得以鸟瞰石家庄市全貌的话，不论大街小巷到处都可以看到乔氏绿化的痕迹。所以他说：“石家庄市大街小巷显脸露面的绿地都是我‘草坪乔’做的，绿化工程基本全由我做！”

异货交换，成石家庄第一个住进别墅的人

乔书领自从给石家庄市长写信求合作，并成功挂靠在园林局之后，由于企业形象和行业经验二者皆备，所以在当地绿化工程市场上可以说是独树一帜，用他自己的话来总结，“大街小巷的绿化几乎全是我做起来的，真的特别火。”尽管如此，还是难免有些竞争和遭遇战，而且，这一次遭遇的恰恰还是园林局的下属单位。

1993年，石家庄卓达房地产开发公司正在建造石家庄第一个别墅区——卓达别墅区，别墅区规划中必不可少地要建造绿化工程。于是，在乔书领得知这个消息后，就主动找项目老板谈绿化工程去了。

乔书领走进施工现场一看，道路都还没修好，看来项目尚处早期，他心中踏实了许多。

找到项目老板杨卓舒，表明了来意，没想到还没说完，就被对方打断了：“对不起，我这绿化工程给园林局的百苗圃了，还签了合同……”

为了证实自己的话，杨老板指着地上说：“你看这儿，人家为表示谢意，这不还送给我一箱子葡萄嘛。”

当时的情况显然出乎意料。乔书领的肠子都悔青了：自己怎么就没能早来一步呢？

情急之下，乔书领没有深思突然间冒出一个“灵感”，他脱口而出：“杨总，我干你这工程，不要钱……”

杨老板一听纳闷了，问：“你不要钱，要什么？”

他回答道：“开发房地产，各方面都需要资金。我先为你搞绿化，你不是有房嘛，在工程完工后要不你就给我一套房吧，我要你的房子，异货交换就行！”

说实话，杨卓舒老板还是第一次听说这种交换方式。同时，作为石家庄第一个开发别墅区的房地产商，盖成后能不能顺顺利利地卖出去，他心中也没底，现在有人愿意这样进行异货交换，等于给自己提供了一个缓冲的台阶。他想了想，说了一个字：“好。”

然后，他马上给主管这个项目的弟弟杨小舒写了一封信，说盖的那些房子可以随便让乔书领挑选，不必计较价格，等绿化工程完了再结算。

那时候，还远未到中国房地产产业的黄金时期，房价还不太高。乔书领虽然也挣了不少钱，但因为资金紧张，在城市拿现钱买房的能力还达不到，所以仍然租住在原来的房子里。能有一套自己的房子，一直是他在近期努力实现的目标。这下可好，还没干绿化工程，先得了一套房，而且还是200多平方米的一套别墅。以当时市场价值计算，他得到的别墅市值在80万多万元，而绿化工程额度明显无法与此相比，所以这比花钱买房合适得多，也同时解决了对方房子卖不出去的担忧。

“货换货，两头乐”，这是乔书领从小玩游戏时就已经学会的交换规则。关于这个游戏，一直清楚地刻印在乔书领的脑海里。

小时候村里的孩子捏泥巴，俗话叫“玩尿泥”。别小看玩泥巴，从选泥，到和泥、捏制，再到成形，是一个很讲究的过程。泥巴被捏成一个个样子各异的泥模后，会被小心翼翼地摆放在自家的窗台上，但要保证不能暴晒，只是慢慢地阴干，防止爆裂成为废品。

这样过去好些天之后，泥模变得坚硬起来，就可以被当作玩具拿来玩耍了，于是就有其他孩子愿意用其他东西来交换这个“玩具”了。泥模可以换什么玩呢？当时最流行的交换物品，就是孩子们专门弄来并且加工过的柴火棍子。

别的孩子拿来交换的棍子在选材的时候，要选直直溜溜的木棍儿，然后将各个枝节削掉，将皮去掉，用石头或砖将表面打磨得干干净净，光光滑滑。

乔书领喜欢捏泥巴，他保存泥模，就等着院子外面有别的孩子吆喝着“柴火换模了”的时候，就拿出去进行交换。

交换的时候，要看那几天的行情如何，免不了讨价还价一番。成交之后，别人玩他的泥模，他拿别人的柴禾杆玩“开汽车”。

“货换货，两头乐”，一文不值的泥巴和木棍儿在孩子们手中玩出了花样，还产生了分工和交换行为，乔书领从中领悟到不少的商业智慧。

这种儿童游戏，被乔书领长大后偶然地应用在草坪绿化工程的业务谈判中，并升华为“异货交换”商业模式。这一模式与“先干活，后付款”一起，后来成为保证竞争实力的两件秘密武器。

这一次，乔书领首先提出异货交换，立刻就击中了杨老板平时难以言表的短处，双方于是一拍即合，使得本来看似不可能的事变成现实了。他说：“这是站在别人的角度来考虑这个问题，学会换位思考，你就成功了。”有了这个成功的开始，乔书领争取到了卓达别墅区的全部绿化工程。

别墅开盘的那一天，在一片锣鼓鞭炮声中，乔书领成为石家庄市第一个住进别墅的住户，也是第一位农民。

这套别墅共有二层，纯白色，四周环绕着西式雕花铁栅栏，上面爬满了藤蔓的枝叶，春夏时节，盛开着一串串耀眼的花朵。小院里有绿茸茸的嫩草，有假山喷泉，在昼夜不停地喷放着水花。潺潺的水声在幽静的庭院中显得动听逸人。一层办公，二层住人，很是舒适。

乔书领书写的又一个奇迹再一次引起了媒体和社会的关注，成为报上有名、电视有影的红人。包括石家庄电视台、《工程时报》和《燕赵晚报》在内的多家媒体都争相刊登他的事迹，说“农民种草企业家乔书领成为我市别墅的首户居民”。

擅于洞察市场风向的乔书领并没有沉醉于众家吹捧的喜悦中，借着顺风顺水的大好时机，他立即把注意力转向了完善企业竞争力的工作当中。为了施工方便，他于 1993 年配置了一辆客货两用车。

不久，又看到一个房地产客户有一辆东风车，车上挂着《人民日报》社“石家庄新闻办事处”的牌子。于是在干完绿化工程结账时，向对方提出以“异货交换”方式进行交换的要求：“你给我这辆车就行，也别过户，我就打这个牌子。”对方起初有些舍不得，但经过乔书领一再加码，最终以 15 万元的高价成交了。

《人民日报》是国内最大的官方新闻机构，实力强大，点多面广，所以别看这辆东风车是二手货，但属于“出身名门”，来头不小，可以借此更顺利地开展绿化施工，在日后的北京绿化工程中，乔书领可是将它派上了大用场。

这一年，乔书领还与合作伙伴园林局共同承揽了石家庄市的大型居民小区，也是建设部“小康”样板工程实验小区——联盟小区的草坪绿化工程。这是强强联合之后的第一个大型工程，在施工技术、工程设备、进度和质量管理各方面都保证了优良的品质，所以整个绿化工程受到建设部和省市领导的好评，获得了建设部颁发的“鲁班奖”。

乔书领在石家庄的业务狂飙猛进，先后承揽了市政府、裕华路、自来水厂、火车站广场绿化工程。特别是在当年的“五一”前夕开工的裕华东路扩建改造绿化工程，仅西侧绿化带就达50米宽，其中草坪种植面积在10万平方米以上。

1996年，又承揽了20公里长的二环路和地表水厂绿化工程，取得了显著的经济效益和社会效益。

登高才能望远。乔书领深知石家庄不是终点，还要继续攀登。他进一步明确了发展目标：在石家庄我要“吃”全省，在北京我要“吃”全国。此后，首都北京这块巨大的市场蛋糕，成为他的下一个目标。

获评“全国青年科技示范标兵”

从 1988 年以来，各种荣誉纷至沓来，最让他自豪，应当是 1993 年获得的“全国青年科技示范标兵”称号。

实际上，当地县政府领导多年来一直密切关注着乔书领的创业事迹。出于他在科技致富方面卓有成效的工作成绩，就将他推荐为本县参加“全国青年科技示范标兵”评选的候选人。

这次评选是在全国范围内进行的，经过县里报到省里，省里报到团中央，一步一步向上申报，最后经过农业部、团中央等相关单位的评审，最终，他成为隆尧县唯一一个获此殊荣的青年企业家。

乔书领当选“全国青年科技示范标兵”的消息，包括《河北日报》《人民日报》和《中国乡镇企业报》在内的各家新闻报刊都进行了报道。

1993 年，也是乔书领和他的企业的一个丰收之年。

这一年真是喜事连连。在当年的 5 月份，《中国花卉报》组织了全国优秀花木企业的评选，他的企业最后也没有悬念地光荣入选“全国优秀花木企业”。

1994 年，他的企业被评为“全国花卉先进企业”。

乔书领是一个非常注重个人和企业形象的人，也一直在争取得到社会的认可。这一系列的社会荣誉不但对乔书领和他的企业，而且对促进当地经济发展，甚至对河北省的改革开放形象，都具有积极意义。

通过不懈努力，乔书领再也不是一个以农民个体户形象示人的“小生意人”，而是一位具有正面社会形象，事业上十分成功的青年企业家了。

第四章

中国种草第一人

北京天安门情结

1994年，农民出身的“种草大王”乔书领也来到了北京城。这一次，他是主动“迎考”，不干出点名堂来，誓不罢休！

但是，北京毕竟不同于其他任何地方，要想在这个地方生存、扎根也并非那么容易，还是需要有些基础和条件的。乔书领在其他地方经过多年的积累后，他已经成熟了，强大了。现在，终于可以将人生和事业的前进航向定准在首都北京这个宏大的目标上。然后，驾驶着他的事业航船，坚定地向这里驶来！

乔书领到北京之后，显得有些与众不同——他没有接触和拜访任何行业领袖和社会名人，而是接连好几天陷入了深深的思考和回忆……

乔书领的天安门情结是从小养成的。他至今还清清楚楚地记得，小时候不论是唱歌、画画，还是做游戏，甚至是做梦，都会有天安门的影子。在唱歌时，一边唱一边会想象着天安门，想象着国旗迎着朝阳冉冉升起的样子；在画画时，他会把自己从别处看到的天安门和自己心里面想象的天安门，一笔一划地画在纸上；在他与同伴们玩耍的时候，也会想出好多与天安门有关系的游戏来，胜利了才有与游戏中的“天安门”亲近的权利。这样一来二去，心中总是离不了天安门的影子，于是，在晚上做梦时，他就梦到了天安门，还有自己在天安门前驻足的身影。

他回想着自己首次来北京时的懵懂和勇气、返回家乡创业时的艰难与收获，想到了自己的家乡和亲人，想到了外出漂泊多少年来所有的成绩和失落，想到了这一次来北京的理由和理想。这些年取得的所有成就，离不开党的好政策，离不开心中神圣的天安门带给自己的创业精神和毅力。所以，一定要好好看一看它的风彩。

从少年时代起，到后来的创业时期，他从来都将北京定为一个很高的目标，将与天安门进行零距离接触，视为人生最大的幸福！在成年乔书领的印象中，北京不仅是一个财富遍地流淌的现代都市，也是智慧无处不在的文明圣地，更是他心中永远的精神家园。在将事业重心放在首都北京的那一刻起，乔书领终于可以天天观看，时时梦想，终于可以随时随地投入到天安门的怀抱了！

这可不是夸张式的赞美。现实中的乔书领确实是一个有精神追求的人，他也真的是这样做的。

已经有好多年了，乔书领只要开着奔驰车经过天安门广场附近的时候，一定会想办法穿行一下长安街，专门路过一下天安门，这似乎已成为他不可或缺的一种生活习惯和思想洗礼方式。

每当这个时候，他都会觉得，这里并不是一个陌生的地方，而是自己曾经有过亲密接触，然后因故不得不离开，再通过自己的努力和争取，又重新回来的故乡一样。

在经过天安门的那一刻，有的时候他还要唱着激奋人心的国歌，或者，听着雄壮的进行曲。铿锵有力的乐曲节奏，意味深长的歌词，将他带进火红火红的历史，激情燃烧的岁月。这时，一种荣耀感和幸福感从心底油然而生。

还有更厉害的时候。如果是从德胜门进北京，乔书领宁可绕个大弯，也要到天安门这里走一趟，沾沾地气，然后再从安定门出去……

乔书领有时很奇怪发生在自己身上的这种行为，也无法说清楚其中缘由。后来转念一想，其实，精神上的事情谁也无法说得清楚，这或许是信仰，是情操，是感觉，是人生，是梦想和追求，更是支持乔书领事业成功的精、气、神吧？现在他觉得，完全没必要想得那么多，那么远。“自然的东西，让它自然存在好了，何必较真呢？”他越来越超然了。

异货交换进北京：承包蓬莱苑园林工程

乔书领多年来积累了丰富的行业经验，主要有这么五条。

1.**“先干活，后付款；干不好，不要钱”**。这是前期与客户接洽时最有力度的“撒手锏”，此话一出，往往立见效果。

2.**“易货交换”**。在双方都有此愿望时，这是实务操作中的可选项之一（不是全部）。现在被放大到与先干活后付款几乎等齐的高度，在客户现金流紧缺的情况下，是一个吸引力极强的卖点。

3.**“挂靠单位”**。挂靠一个有背景、靠得住的单位，是保证事业通畅无阻的“护身符”。

4.**“有事找组织，给组织写信”**。这是关键时刻必须主动采取的一个解决方案，藉此步入主流社会，建立公共资源优势。

5.**“媒体宣传”**。这是务虚项，长期坚持能积累更多的企业软实力，具有长期收益。

以上各项在实际操作中往往相互关联，数技并施。

乔书领移师北京的时候，各方面都已经非常成熟，但为了慎重起见，他并没有中断北京以外，特别是石家庄的业务，也没有带领自己的绿化工程团队进京，而是让大家照常运作，自己先行踏入一步“探探风水”，跑跑业务，等单子落实了，施工人员再来不迟。

在北京一无亲二无故，怎样才能打开业务局面呢？这次他选择了走基层路线，四处奔波，各方打探。不久，得知北京正在兴建蓬莱苑别墅，马上想办法与蓬莱别墅工程项目的老板郑连伟董事长进行了前期接洽。

在得知对方的合作意向后，乔书领一改此前那种谈判风格，向郑老板首先讲述了自己企业的实力和成功案例，在得到肯定的态度后，然后又进一步表明了自己的合作态度：“我承建园区的绿化美化工程，不合格一分钱不要，还包赔损失。这是我的老规矩：先干活，后付款；干不好，不要钱。”这句话一下将对方震慑住了。

双方谈判得以继续深入。乔书领在此基础上进一步提出“工程合格达标后，你用别墅和公寓与我实物相抵就行。”要求以“异货交换”模式进行首单合作，也切中了对方的心思，双方顺利达成了合作。

不过，这位郑连伟董事长或许对于从“小地方”来京的乔书领有些不放心，于是亲自到石家庄对他做过的项目进行了考察核实，结果不用多说。他回来对乔书领说：“我有信心了。”

然后，郑老板进一步表达了自己的想法：“你就跟我干吧，经过我的朋友介绍给你的活就够做了。你在石家庄搞的那个别墅区没有什么艺术性，哪像什么别墅呀，一排一排的简直跟兵营一样。你看我那个别墅多么漂亮，你要是干好了，到时我也给你几套。”一番话说得乔书领心中热乎乎的。

他数技并用，不仅使事业在北京实现了开门大吉，还由此打开了一个突破口，拥有了一个可以借道而行的合作伙伴。不过，北京对工程施工的要求普遍苛刻，而且，这“蓬莱别墅”所处的小汤山，还是北京的一个龙脉之地，作为百年大计工程，难度必然更大。

乔书领为了在北京生存并发展下去，必须保证工程设计水平和施工质量。这一次，可真是下了血本了。他专门找到熟悉的石家庄高级工程师绘制工程图纸。这位工程师也想在北京得到认可，所以下了很大功夫进行设计。完成之后，郑重其事地交给乔书领，他一看，也很满意。

乔书领信心满满地拿着工程图纸让郑老板过目。但对方只是随便一看，似乎还没有看完，脸上就露出不满的神色。过了好大一会，才张嘴说话，给出的说法是：必须实现抽象化、园林化和艺术化，但没有详细解释这“三化”的细节和要求。

这让乔书领有些意外，一下子难住了：连石家庄的专家都没能满足客户要求，这可怎么办？看来北京这块蛋糕还真是不好吃呀！他当时有些灰心丧气……

其实，郑老板此前已经邀请了好几个单位进行设计，但都没有达到他的要求。这下，难题落到了乔书领的头上。

说乔书领执着、不轻言放弃也好，说他实在是别无选择也罢，反正当时的情况是合同也签了，退路已断。他寻思再三，最后选了一条“看似走不通”的路子：看来只能求自己了。

长话短说。令人欣慰的是，他最终提交的设计方案，还竟然出乎意外地得到了认可！

前期工作一切准备就绪，开始进入施工程序。首先是建草坪。

这一时期，绿化行业已逐渐成熟，行业内也有了明细的分工。乔书领已不再局限于种草坪这项业务，这是因为有些专业种植草坪的企业已经比自己种植成本更低、质量更有保证，所以业内更多时候是通过调货来实现的。

这一次，乔书领为了保证首战北京取得成功，他特地从浙江萧山往北京调运苗木。

这次真的规模不小，总共动用了多达八个车皮，千里迢迢拉到了北京。卸车的那一刻，一派热火朝天的景象。这宏大的场面将郑老板都给吓坏了，他说：“好家伙，这一车全是苗木？”

对乔书领而言，这样做也是有意而为，除了工程本身的需要，他主要是想借机展现一下自己的实力。当时听对方这么一说，马上回答：“是的，全是。以前经常这样，没什么。”可心里就乐开了：“看起来，效果还不错。”

施工过程中，乔书领免不了用货车拉运苗木、花草、土石类物资。遗憾的是，对这些为城市建设服务的施工车辆，市内反而设有很多交通限制和禁区，加上施工用的那些树苗全是枝枝杈杈、横七竖八的样子，不是长，就是宽，毫无规律，被交警扣车罚款的事经常发生，为施工带来很多麻烦，往往难以顺利到达工地，严重影响了工程的正常进行。

这个时候，乔书领在石家庄购买的那辆二手东风大货车，可就派上了用场。刚开始的时候，他还只是调过来救救急，没想到一派上场，就成为拉运货物的主力。效果也在意料之中，交警一看车门上有《人民日报》社的牌子，也不去多想，顺顺利利放行了。

蓬莱别墅绿化工程进展顺利，首期工程的首次合作也成功告一段落。郑连伟老板和乔书领双方都感觉十分满意。

蓬莱别墅区是一个很大的项目，首期完成之后，紧接着，乔书领连合同都没签，就承包了郑老板名下所有的后期绿化。盖一块绿化一块，他在这里忙忙碌碌地，持续干了很长时间，十分红火。

乔书领并没有想着在这一棵树上吊死，也得有个独立发展的空间才好。他在这边干活的同时，暗中去接触和寻找其他的绿化业务，慢慢下来也接到了相当的工程量。在北京这个庞大的绿化市场，终于拥有了一席之地，这个城市赐予了乔书领一个新的事业起点。

蓬莱别墅绿化工程基本完工后，按照事先约定的“异货交换”模式，乔书领肯定不能要钱，但是有些出乎意外，只得到了一套高级别墅和两处公寓的报酬。

乔书领与人合作这么大的工程项目却不签合同，既有江湖义气、相互信任的成分，也有占领市场捷足先登的考量。但事有两面，如此一来也就留下了合作的隐患，在出现某种变局时，将无法通过司法途径解决，而只能凭借双方的道德素质来私了了。

他在这个工程中得到的房产价值，以当时的市值估算应当在 260 万元（一套别墅 180 万，两套公寓一套是 50 万，一套 30 万）左右。这个数乍看起来不少，但相较在工程当中多年的持续投入，真的连草坪成本这一项开支也拿不回来，更不用说利润了。乔书领明显是赔本了！

拿人手短，欠债嘴短。在结账这件事情上，连郑老板自己也觉着脸上挂不住了，于是又给了一辆旧奔驰和一辆切诺基。

那辆切诺基，不管新旧吧，好歹还能上路跑跑，可那辆奔驰车，虽然当时郑老板说值 100 万元，但因为是从外国使馆淘汰的闲置物品，现在根本就无法转到地方上新牌照，于是只好闲放在乔书领家的角落里，搁着搁着，慢慢地自然烂掉，成为一文不值的废品了。

郑老板对自己的行为当然心知肚明。在这个事情过后，他逢人便夸赞乔书领的人品和技术如何如何好，等于上当了义务宣传员。“这样的表现，或许是在试图为各自都挽回一些损失吧？”乔书领心里琢磨着。

遗憾的是，剩下的那些工程尾账，时到今日也没有结清，成为乔书领几乎不愿提及的一块心病。

乔书领还是很会辩证地看问题的，在他的眼中，这个赔钱买卖或许还是物有所值的。其实他早就明白，异货交换这种模式，与“水能载舟，也能覆舟”的道理一样，就你看怎么想了。“看起来经济上是吃亏了，但是从整体而言是沾了光了。因为通过这次合作在北京打开了市场，拥有了知名度，这都是收获。如今，只要一提蓬莱公寓、蓬莱别墅是我绿化的，而且被评为先进单位了，这种市场影响力，实际上比花钱投广告要管用得多。”

当时身家已达千万的乔书领，没有受这些个别坏现象的影响，仍然一如既往地坚持着自己独特的经营理念。只是，对那些与自己打交道的房地产商，从此也多了一个心眼儿。

值得乔书领高兴的是，经过这一番折腾，终于在北京有了房子，而且还是蓬莱别墅这样的高档住宅区，也算是多年来不停奔波之后的一个归宿吧。他决定，将那一套280平方米的二层小楼用作自己在北京的家。

对于农民出身的乔书领来说，当想到在中国的政治、经济和文化中心——首都北京终于有了自己的第一套别墅，终于可以与漂泊多年的孩子们在暑假期间实现大团圆的时候，“自己老兴奋了，一晚上都没睡觉。”

今非昔比的乔书领也让妻子黄慧敏感到无限荣光，为她自己也争了一口气。

在她回娘家遇到乡亲们时，大家目光里流露着艳羡。“你找男人怎么就那么有眼光呢？”她这时淡淡一笑，说：“我当初选择他，图的是他这个人！”

成功让园林设计抽象化、艺术化
——公寓主人：申请专利去！

在1994年进京之后刚接手蓬莱公寓绿化项目的时候，乔书领拿着自己请专家设计的工程效果图和施工方案让郑连伟董事长过目，但郑总一看，回了一句："太土！"全盘否定，并提出了："抽象化、艺术化和园林化"的"三化"要求。

园林化，本来就已经属于对绿化工程技术的升华了，这对乔书领而言，有多年的行业经验积累，通过努力还是可以完成的。至于说艺术化，只要园林化做得好，就可体现出一定的艺术性，也有实现的可能。不过实现多少，很难保证。抽象化，这无疑是对艺术的进一步升华。显而易见，抽象化是一个更高的要求。这让乔书领毫无把握，也有些犯怵——他当时竟不知道这抽象化是什么东西，对他而言，这不仅仅是一个绿化工程，而是一项全新的艺术创作。看起来，这个时候的乔书领必须立刻成为一个"艺术家"！

搞艺术的人都明白，艺术这"东西"没有工业思维中的标准概念，更不能对要素进行具体的量化。但是，要让受众满意，还必须把握那个看不到摸不着的“度”。这个过程，玩得好的叫“艺术”，玩不好，就容易沦为“手艺”。如果说草坪绿化是一门技术，也应算是一门高级的手艺，要将手艺上升为艺术，乔书领的实践基础是有的，但需要的是挖掘和提炼，这个过程对没有上过专业院校的他来说，实在太不容易了。

乔书领想来想去没有好的办法，于是就想到去新华书店转转，找一下相关的专业书籍，看看有没有能参考借鉴的东西——他这是要进行临时攻关，试图现蒸热卖!

来到附近的一个新华书店以后，他在一片书山学海之中找到了与创意设计有关的书籍。翻来翻去，书架上那些相关的书几乎都被他翻了个遍，书中各种图案也都看了个遍。最后，有一本名为《世界抽象商标大全》的书，让他感到如获至宝。乔书领就凭着这本书提供的信息，开始了他的艺术创作。

他首先得努力摒弃之前专家留下的设计印象，开始重新进行独立思考。这也经过了一段时间的去伪存真，心中沉淀了一些自认为有用的要素。然后，开始认真品味这本《世界抽象商标大全》。

乔书领看着书中那些奇形怪状的图案，似乎瞬间产生了一种心灵感悟，在悄悄地与自己进行对话。他顺着一个个图案看下去，发现这些图案造型似乎越来越有一种难以摆脱的吸引力，越来越有一个朦胧的东西在心中来回闪动，但是说不清，道不明到底是什么……

他凭借自己的经验和对新业务的理解，利用园林绿化工程中经常出现的草、树、花等不同植物的不同形态和风格，将红、黄、绿等各种色彩要素进行了不同形式的搭配。经过无数次的思考、梳理、归纳和整合，一个几乎成形的画面开始在脑海中呼之欲出。

在整个创作过程中，乔书领始终在一种忘我的精神世界之中，如梦，如醉……他不知道瞬间想到的方案是否合适，只是觉得有一种力量在推动自己向一个方向前行。当他从“梦”中醒来，一幅作品完成了！

乔书领拿着自己的设计方案，很谨慎地递给郑老板过目，郑老板也一下子愣住了：“你这是请什么高人做的呀？”

对方说完略略迟钝了一下，乔书领以为是在讽刺自己，心一下又凉了半截！

没想到郑老板接着又说：“你看这儿，把河南桧剪成龙和糖葫芦的形状，这就有艺术性了。太漂亮了，呵呵，好，就这样吧！”他的创意方案竟然被见过大世面的郑老板一锤定音！

乔书领听到这儿，心里又热了起来，“咚咚”地跳着。他连忙对郑老板说：“是我画的，有什么不对的地方咱再改。”

当郑老板听说是乔书领自己弄出来的时候，从惊奇一下子变得景仰起来：“看不出来呀，呵呵。你是怎么弄出来的？”

他反而被问得有些不好意思，答道：“自己想的，被你‘逼’出来的。要不然怎么办呀？”

郑老板再次呵呵大笑起来。稍一沉思，他忽然对乔书领提了一个建议：“你申请专利去吧！”

因为在当时能将绿化工程做到这种具有一定艺术水平的，乔书领算是少见的一位，所以郑老板这样说当然有道理，但他当时并没有这个想法。后来有一次想起了申请专利的事儿，对身边人说：“只要有真本事，干活只要用心，专利不专利的并不是最重要的事情！”

图纸通过，就该进行绿化施工了。因为图纸是自己想、自己画的，一切都了然于心，所以在绿化过程中，乔书领心里非常有底。他要求自己的员工根据设计方案的要求，利用不同的植物进行了不同的造型创作，把树枝和树冠的多余部分剪掉，再配以不同的实物要素，重新进行空间安排，使整个园林绿化工程体现出一种很难用语言表达的抽象主义风格。

工程完成后，郑老板对这个园林式绿化也表示非常满意。

有了这个成功项目，乔书领也得到了更好的行业口碑。到了工程扫尾阶段的2000年，他接下了北京辅仁外国语大学校园的绿化工程，标志着在北京这个地方已经自立门户，能够独立进行业务运作了。

辅仁大学这片绿化工程由国外设计师设计，是他与国际同行进行合作的结果，具有国际化风格和审美眼光。为了做好这片绿化并突出校园特色，乔书领和工程师、设计师们进行了深入的研究与分析，拿出了让学校负责人拍手称好的方案。他结合校园高低错落的立体感地基，为校园正门的花坛特地设计了由红、黄、蓝三色植物组成的扇形的动感风火轮式样，同时与常绿乔木、花草相结合，营造出宁静致远、回归自然的气氛。

在接下辅仁大学绿化工程之前，乔书领就已经拥有了自己的奔驰座驾。尽管已经具备了老板之尊，但出于朴实的本性，从这时候开始，他还是会天天开着奔驰在各处工地跑来跑去，有时明显感到分身乏术，却充满了乐趣。别人看到之后，总觉得有些不协调。但他不计较这些闲言碎语和另类眼光，依旧不改质朴本质。而且，有时候还要亲自上手干上一通，与工人们打成一片，给人以其乐融融的感觉。

乔书领首战蓬莱别墅工程，虽然做了赔本买卖，但失之东隅，收之桑榆，得到了更多经济上无法得到的收获。这才是他想要的、比专利更重要的东西。

人民大会堂领奖
——被评为“首都绿化积极分子”

上个世纪 90 年代中期，北京开始大力开发北部地区。当时的房地产行业是为城市发展配套，基本处于自然增长的状态，市场销售也不太火爆，总体而言是比较难做的。当乔书领参与的蓬莱别墅工程全部建成时，北京市的多数新建小区绿化还很少见，就算有，所谓的艺术性也几乎无从谈起，更没有后期管理这个概念。

为了把房子卖得快一点，各商家都在尽可能地压低成本，能应付就应付。不过因为乔书领刚刚进入北京市场，需要尽快树立自己的企业品牌，所以在他承包蓬莱别墅、公寓绿化工程之后，为了保证绿化质量，专门从南方进了 8 车皮上等苗圃，并在绿化过程中坚持精心施工、严格管理、一丝不苟，不惜成本地在各个环节上大力投入，从而使得工程质量不但按计划达标，还远远超出了设计标准，成为一个优质工程。

为了配合开发建设的新形势，推进城市园林绿化建设工作，北京市搞了一个绿化比奖活动。乔书领承包的蓬莱别墅、公寓项目绿化工程因为质量、品质远远走在行业前列，所以蓬莱别墅和蓬莱公寓不出意外地获得了“全国优秀住宅社区环境金奖”以及“北京绿化先进单位”和“首都绿化美化花园式单位”称号。这一切来得有些突然，但显然是实至名归的。

同时，他还被评为“首都绿化积极分子”。

颁奖那天，乔书领怀着激动的心情来到人民大会堂，上台去领奖。

他记得，当时领奖的人有很多，除了来自社会各行各业的获奖者，还有北京市驻军部队的获奖单位和个人。群贤毕至，欢聚一堂，蔚为壮观！

大家都知道，天安门在乔书领心中一直是一个神圣的地方，不管有事没事，只要路过，他一定不会错过瞻仰一下这个地方。人民大会堂，与天安门紧密相伴，共同组成了天安门广场，也同样成为令他向往的神秘殿堂。这一次乔书领因从事绿化工程而获奖，并步入雄伟的人民大会堂，感受自己通过努力拼搏而得来的种种荣誉，心中的激动是无以言表的。

乔书领特别珍惜这个“首都绿化积极分子”的称号，对十分注重个人形象的他来说，这完全可以证明首都人民对自己的认可和接纳，证明自己在行业中的所作所为获得了认可。“有了这个荣誉，以后一定会以百倍的热情和努力，踏踏实实地做好绿化事业，来回报首都北京给予自己的这份信赖和支持！”乔书领在领奖的时候，在心里暗暗下了决心，定好了未来的目标。

此后经过数年时间打拼，乔书领在北京园林绿化工程市场的业务已经全面铺开，企业实力有了显著增强。首都北京这块让乔书领从小念兹在兹的神奇土地，也终于成为了他事业发展的又一块根据地。

受这股东风之惠，他不久又以“公司＋农户”的方式组建了集团公司，开始了多元化、集团化发展的道路。

获评“全国十大杰出青年农民”

在乔书领的成长经历中，“共青团”这个遍布全中国的庞大青年政治组织，一直十分明晰和紧密地与他的事业相随相伴，结下了不解之缘。在决定乔书领人生走向和事业方向的早期，共青团所给予的支持和鼓励，绝对是首屈一指、无可替代的。

可以说，是共青团系统决定和改变了乔书领的人生，也可以这样说，他本身就是团组织造就的人才！在这些实际的支持之外，各级团组织同时给予乔书领精神上的支持，更是无形而且非常巨大。

1999 年，团中央、农业部、林业部等中央六部委在举行全国“全国十大杰出青年农民”评选，这个消息传遍了全国各地。

乔书领得知这一消息后，心中暗想：团组织多年来给予自己无私的帮助，现在自己的事业也已经有所成就，完全可以配得上这个荣誉了。有了这个认识，他也有了自信，于是主动提笔，向组织部门毛遂自荐，写了一封长信。

上级部门对乔书领的创业事迹本来就有所了解，收到他的自荐信后，就直接下发到河北省团委，请河北省走一下程序，从基层进行考查和评定。

实际上在这次评选的时候，河北省已经连续三届无缘这个荣誉了，省团委也非常渴望有省里人员入选，加上当时整个河北省还找不出一个更合适的人来，于是就把他列为省内杰出青年的首位候选人。

此后，经过一轮又一轮艰难复杂的评选程序，乔书领终于脱颖而出，成功当选为河北省唯一一位“全国十大杰出青年农民”。

获得这个荣誉不久，乔书领还被评为“中国当代杰出青年”，使他更加光环累累，风采照人。

颁奖当天，中等身材、黑色的脸庞上架着一副近视眼镜的乔书领激动地跑上主席台，从全国政协副主席杨汝岱手中接过红彤彤的荣誉证书，在暴风雨般祝贺的掌声中，他不由地热泪盈眶，向全场人的连着鞠了几个九十度的大躬。

在开表彰会的间隙，团中央青农部王部长专门找到他，二人进行了友好交流。

王部长问他：“你叫乔书领啊？”

“我是。”

“乔书领啊乔书领，你真自信！”王部长竖起了大拇指。

乔书领谦虚地笑一笑，礼貌地回答道：“谢谢王部长的关心和支持，我一定会继续努力的。”他此时显得相当成熟。

有关“全国十大杰出青年农民”的新闻，在全国引起了轰动。

当天晚上，中央电视台的《新闻联播》进行了全面报道，成为全国人人关注的重要新闻。随后，各路媒体纷至沓来，《河北科技报》《湖北日报》，家乡的《邢台日报》全都刊登了他的事迹。邢台市委书记还专门派人拿着感谢信去找他，说“你为邢台人民争光了，感谢你。”

一连串的荣誉光环接踵而至，让他感到又光荣，又兴奋。

同年，“河北草坪乔园林绿化工程有限公司”以集团分公司的战略定位，在石家庄正式挂牌成立。

1997年，为了人生和理想一直辛勤拼搏、奋斗不止的乔书领，已经走出了北京，走向了世界，参加了在澳大利亚悉尼召开的第八届国际草坪学术研讨会。他是中国第一个出席国际草坪会议的农民，他的企业成为了“国际草坪协会”会员。

2001年，中央电视台《绿色空间》栏目以“小草唱大戏”为题，对他的事迹进行了专题报道。

同年，得益于在园林绿化领域的深厚技术积累，乔书领被评为“高级农艺师”职称。这样，他终于有了一个正式的技术头衔。

2002年3月20日，因为乔书领对北京绿化事业的巨大贡献，《首都建设报》专门采访他，并以“草坪大王乔书领”为题作了特别报道，他的事迹引起了首都各界的关注。

这一年的8月份，在乔书领参加完“首届中华儒商国际论坛”之后，成功入选由国务院研究室、言实出版社编辑出版的《中国百名优秀企业家奋斗史》一书，为他的奋斗人生写下了浓墨重彩的一笔。

同月，他的企业又喜获中国民营科技促进会颁发的“第三届民营科技创新单位、中国民营科技企业创新奖”。

与八仙别墅区欧式建筑拉菲特城堡结缘——一干就是十几年

乔书领与蓬莱房地产开发商合作开发蓬莱公寓、蓬莱别墅，虽然经济收益上没有实现盈利，但在市场形象上收获甚丰。蓬莱绿化工程的末期，另一个房地产项目的老板张宇辰，从其他消息渠道得知了乔书领在工程质量上精益求精的严谨作风，特地盛邀他过来加盟自己开发的房地产项目。乔书领也了解到这位张老板有与众不同之处，性格豪爽，讲义气，出手大方，是一位可以深交的伙伴。他与张老板进行了几次沟通交流，彼此感觉确实不错，于是，合作的事情就继续深入进行了。

这一次，乔书领还是坚持自己奉行多年的“异货交换”准则，这一点也让新伙伴赞赏有加。不过当中一个细节必须注意：这次合作吸取了此前的教训，与对方签了合同。签订合同，虽是在现实逼迫之下乔书领不得不走的一步棋，但只要看看此后的合作过程和结果，就不难明白其中的道理：正是因为有了法律的保证，才保障了合作的顺利进行。这次对法治精神的尝试和实践，让乔书领得到的实惠是巨大的，也是无法用金钱和数字来体现的。

当时是2002年，张宇辰正在开发一个名为“八仙别墅区”的多期项目，其中有一个在建分项——“拉斐特城堡法兰西文化公园项目”，是一处欧式园林。仅此一处，占地面积就高达3000多亩！

这个“八仙工程”还有一个让乔书领觉得有些不可思议之处：工程地点与那边仍处于扫尾阶段的蓬莱工程竟然不约而同地，都处于北京市的南北向中轴线上，由于是在京城的北侧，明显是上风上水的宝地！

还有，这一次的工程图纸也是人家提前设计好的，只需施工时按照要求将图纸落实为现场实景即可。这样一来，就再不用自己去受苦受累地钻到书堆里去找呀、学呀，玩自己本不擅长的那些艺术创作。乔书领越想心情越舒畅……

不过，这次的园林建设难度很大，主要体现在如何理解欧式园林的文化精髓，将之转化为实体景观上。本来，绿化施工是乔书领的强项，但这一次不同于此前传统的施工模式，是全新的欧式园林，包含了很多从未听过、见过的新内容。而且，人家还要求展现欧洲的文化，显然，这是一个前所未有的考验。

为了深刻理解欧洲文化，乔书领还是下了不少功夫。他除了自己潜心学习这方面的新知识之外，还派专人向各相关单位和部门进行考察研究，并与各科研机构和院校建立了技术协作关系，形成了自己的人才贮备库。

乔书领将施工队伍兵分几路，一小部分人马继续完成蓬莱绿化工程，另一路主力大军则调过来参与拉斐特城堡项目的绿化工程建设。

为了保证工程品质，乔书领几乎天天来到工地监督施工。

有一天他来到工地现场，看见一群身着统一制服的工人们，正在工地上忙碌有序地进行着种草、种树前的翻地、换土、平整等工作。

乔书领仔细观察了一下工人们的工作情况，然后大声要求大家注意生产安全，保证施工质量，并向带班班长交代了当天的具体任务。随后，就见几辆大卡车旋即在车道上动了起来，一切都有条不紊地展开了。他满意地点了点头，然后赶紧奔向下一处工地去布置工作。

为了提高绿化效率，乔书领于这一年在业内率先引进了具有世界先进水平的喷播绿化设备和技术。这种技术设备除了平地喷播，还能将草坪在岩石上种下去并正常成长，使裸岩“本色难改”的时代一去不复返，所以用途很是广泛。这一次，在拉斐特城堡绿化中实现首秀，还真的表现出强大的威力。

拉斐特城堡园林绿化工程进展都很顺利，加上张老板人也不错，让乔书领觉得信心满满。于 2002 年一猛子扎进来，一干就是十来年。

这期间，正是中国房地产行业的“黄金十年”，房地产行业已步入“国民经济三驾马车”的时代。然而同时，也形成了一种行业潜规则，这就是“压款垫资”现象。

园林绿化在行业中处于中下游，属于“上有老，下有小”，所以向上游催要工程款一直成为大问题。一要钱，就得到一句“没有钱”，已成为正常现象，要账十次，有一次能拿回钱来也算幸运。不过多数时候也只是意思意思，表表心意罢了。

这位张老板难免受社会风气影响，也有不讲规则的时候，但说话还是很客气：“乔老爷，乔老爷，你再等一等吧。”

工程款结不了，也不能得罪上游老板，还指望着继续做下去呢！如此一来，“就不是说你愿不愿意干了，而是你想走也不能走，想不合作也不行。”乔书领为此显得有些无奈。这“十来年”，初听起来令人感动，实际上并没有想象中那么美妙，多属于不得已而为之。在房地产行业推动乔书领慢慢积累个人财富的同时，事实上也将他牢牢地“拴”在这个行业当中。

当然话说回来，现在他已具备很强的企业实力，再也不会如上次合作那样悲催了。

值得一提的是，张老板还算是个爽快人，只要有钱在手一般不会吃独食，一高兴就会分一杯羹给同甘共苦的事业同伴，“乔老板，来，给你拨 20 万！”不过越是这种情况，乔书领反而拒绝了。他认为，人家张老板从来没有黑过自己的受苦钱，正是因为俩人之间有了相互信任的基础，才能合作这么久。

等于是相互有了信任，在业务上也应该互相帮助。

事实确实如此。曾经有一次，一位领导的亲戚也想干绿化工程，但张老板就是认准了乔书领，说了一句话：“乔书领人好，干活也好。”就这样没让别人介入进来，等于直接帮了乔书领的忙。也是因为张老板的认可，后来有很多次别人想争这一块的工程，但都没有争到手，乔书领慢慢地站稳了脚跟。

春风得意马蹄疾。随着房地产业风生水起，乔书领事业上也乘风破浪，一往无前，走向了人生又一个辉煌。只是，时光如水，人生如梦，恍惚间，已经到了 2010 年。

这一年，房地产虽然也在经历经济危机的考验，却因为作为中国经济“三驾马车”之一，在危机中不但没有被弱化，反而继续表现出一枝独秀的风姿，人们投资的选择仍然非房地产莫属。此时，正好张宇辰老板开发了一批小产权房，得天时之便，很快就销售一空，他也因此发了大财。

发财归发财，出于商人本性，他并没有给乔书领兑现所有的工程款，而是乘着房地产的热度，向乔书领推销起他的小产权房来：“你看，给我干活的别人都要房，这说明要房比要钱划算。你可不能那么傻，跟不上形势。你如果要房的话，尽管随时向我要，我可以满足你。”

乔书领一看这架势，再想想历次要款的难处，也为了以后的合作，似乎没有别的选择，于是就同意了对方的建议。

双方相互清算，好家伙，张老板一下子给了乔书领 14 套小产权房。乔书领瞬间也成了“房产商”了！

不过乔书领无心在此恋战，在房子拿到手后及时卖出变现，以解自己的燃眉之急，将资金用在了尚待开发的后期工程中。

算是补偿吧，还从张老板处得到另一个收获：该处物业的绿化养护工作，时至今日仍然是由乔书领来负责的，这也为延续合作留下了一个机会。

2002 年，借着事业蒸蒸日上的东风，经过一段时间的精心酝酿和准备，乔书领的“北京乔宏（集团）园林绿化工程有限公司”正式挂牌。

新公司一扫过去的游击队思维和人员结构上的弊病，开始执行“以人才为本”的发展战略，聘任了一名博士和三名硕士担任管理人员，按照世界先进的企业经营模式和理念设置公司架构和制度，终于走上了企业发展的康庄大道。

这一年的 9 月 24 日，《中国贸易报》以“真诚赢得朋友，本色成就伟业”为题，对他的事迹进行了专题报道。

受法国官员接见和赞扬

乔书领与北京宇辰八仙房地产开发公司合作建设的拉菲特城堡，是中法两国的友好合作项目，按照法国十大贵族城堡之一的“拉菲特城堡”一比一比例进行复制。是集欧洲文艺复兴时期法国巴洛克建筑、装饰、装修、绘画、园林艺术风格为一体的城堡式庄园建筑，再现了欧洲风格的魔纹花坛、众神雕喷泉，以及丰富的环城河域自然景观，并使用了世界领先的喷播绿化技术进行施工。

该建筑群由城堡酒店、酒文化俱乐部、健康中心、生态农业园、国际学校五部分组成，占地3000余亩，建筑面积5.5万平方米，规模宏大，工程浩繁，历时长久。等到工程结束，一座充满了异域风情的雄伟建筑群矗立于东方古都的郊外，一时惊艳了四方宾朋！

在工程交接之后，业主方面在一个会馆里面安排了一次新闻交流活动。

由于乔书领在工程绿化中的贡献，经过“华商协会”会长卢俊卿的引荐，他也成为应邀前往的嘉宾之一。

在活动现场，当大家谈论起这片地处京北的高端生活区的别样风情时，无不对于点缀其间的一片片花丛锦簇点头称道，视若人间天界。

一位来自法国的政府官员专门过来与乔书领交流。这位州长先生很绅士地说：“拉菲特城堡是您建的，您为中法友好做出了贡献，谢谢您。”

一身正装出席的乔书领也友好地回答：“为中法友好做贡献，是我们的共同责任。”

乔书领之前并不经常有机会出席这种西式派对。这次活动过程中，他主动与各方人士交流名片，友好互动，极尽所能地展示自己的热情，向来自五湖四海的人传播乔氏园林的风彩和内涵。

通过拉斐特城堡园林绿化工程的磨练和实践，乔书领在行业技术水平方面又上了一个新台阶。他也获得了另一笔宝贵财富，远超其经济价值。从此，但凡有欧式园林绿化工程，乔书领总会底气十足地承诺：“我有过成功案例，这个工程由我来做，没问题！”

岩石上的绿化
——官厅水库堰塞湖裸岩绿化工程

乔书领走上社会独自创业的过程，也是中国经济持续大开放的过程。多少年来，对自然资源的无度开发加上低端产业的大量上马，让生存环境不堪重负，他作为一名亲历者对这一现象感到痛心疾首，也无可奈何。

中国华北地区天然缺水，首都北京更是因为人口众多，用水量大而成为重度缺水区。作为北京的两个水源地之一的张家口官厅水库，建于建国初期，长期以来一直担负着向北京供应生活用水的重任，是北京市民不可或缺的“两盆水”之一。因为水库周边环境的退化引起了水质的同步恶化，于是治理官厅水库环境成为了管理部门的重要工作。

治理内容，包括强制官厅水库周边地区退耕还草、搬迁居民、上游水源地退耕还林，以及在水库库区沿岸进行绿化和封闭性保护等措施。

官厅水库水务局之前采用传统的治理方法，主要是通过在水库周边用石头筑建阻挡墙，来抗挡雨水对堤岸的冲刷。但这种“重堵轻疏”

的理念显然无法顺应大自然亿万年形成的规律，效果也很不理想。

如何让水流起来，让鱼游起来，给人和自然界一个和谐共存的生态环境，成为人们思考的问题。乔书领长期从事城市绿化工程，积累了丰富的行业经验，已成为绿化行业专家，当然也被邀参与到了对水库库区的绿化治理工作。

他看到传统方法无法承担绿化的重任时，及时引进现代施工技术、先进的设备和品种、法国的保水剂、黏合剂和施工配方等，通过消化吸收，形成了自身独特的施工方法。在拉斐特城堡绿化工程中首次使用的大型喷播绿化设备，具有“一喷即绿”的即时效果，将喷播技术与三维网植草技术结合起来，被乔书领归纳为“喷坡绿化”。

施工理念是，想办法在水库两边培育一些植物，将水分涵养在草灌木植被中，保护水土不流失。对一些裸露的岸石，也要想法让岸石“长”出植被，这样的话，下雨的时候形不成冲刷流，环境也就好转了。

具体操作方法是，在岸石表面打上铆钉，然后以铆钉为支撑，再拉上一层层的大网（一般是三层，称三维网），形成基础根基；在网与岸石之间，再进行基础土层的培建（有干培、湿培两种方式），将之培养成五公分高的营养土，并使之牢牢挂在网上形成一体；然后，再喷播草坪或是种植灌木，就与乔书领的“老”技术接了轨；绿化之后，还要在业已形成的“土树”上培土，进行加固养护。

如此一来，形成铆钉、三维网、营养土层、植被草坪和固化土层为一体的立体绿化体系。

中国的高速交通路网建设仍然方兴未艾，但在高速公路两边，在建工程对原有山体地貌的破坏非常严重。环境被破坏之后，就必须依靠这种高科技的“培坡绿化”，重新将路边立体绿化起来。

由于中国环境修复任务十分繁重，“培坡绿化”这项高科技的应用将非常广泛，这项业务于是也已成为乔书领努力打造的重点方向。

凭着这手绝活，乔书领先后在官厅水库的水源地裸露岩石和堰塞湖的绿化修复、北京植物园樱桃沟改造、石家庄植物园喷播、上海高尔夫球场喷播、高速公路及山坡岩石客土喷播、三维网植草等一系列的生态环保工程派上了用场，并因此获得“中国民营科技创新企业”的称号。

获誉“中国种草第一人”

在之前的文字中，我们少有提到过“乔家园林”。乔书领的“北京时代”，既是长期发展战略中最重要的一步棋，也是他从不动摇的人生梦想。进京之前的所有操作，都是为了这个目标进行的前期铺垫，而进京之后以配角身份参与的蓬莱项目和拉斐特城堡项目，虽然都取得了各自不同的回报，但仍然是为更长久地在北京发展而选择的两块“跳板”。

因为有了这个宏大的事业规划，所以早在2002年他参与八仙房地产公司开发拉斐特城堡项目的时候，就已经独自注册了一家公司，开始时叫“乔宏”，意思就是想要“将乔家的这个绿化事业做得宏大”，非常符合当时的发展现状和追求。

后来自己的企业影响力逐渐增强，具备了独立运作能力之后，为了更切合乔书领所倡导的精神内涵，利于进行企业形象宣传和品牌推广，他于2007年终于打出了自己的成熟品牌，举起了“乔家园林”的大旗，将公司原来的名字变更为“北京乔家园林绿化有限公司”这样一个中国传统文化意味浓厚的名字，听着让人温馨，也具有很强的品牌亲和力和认同度。

提到“乔家园林”，乔书领有太多的话要说。多年来获得了无数的荣誉、证书、奖状，各个时期的报刊新闻、相片、书信等诸多“信物”上，都记录着乔家园林一点一滴、脚踏实地努力拼搏的足迹，无声地述说着不同寻常的成长道路，充分体现了“责任、使命、价值、史册”的企业文化使命。看到这一切，不由地会让人对乔家园林肃然起敬。

当前的乔家园林仍然没有完全脱离亲戚、朋友加老乡的圈子，他也非常明白这种模式的弊端，也迫切希望有所提升，使企业走向社会化的发展道路：“企业要想发展壮大，就必须得以人才为本，建立企业的人才团队，不拘一格降人才，要进行制度化、正规化和人性化管理。”

乔书领痛下决心，对原有企业岗位进行重组改革，实行不分亲疏的竞争上岗和社会招聘制。“我招聘人才的首要标准是‘孝’，不孝顺父母的人一概不要！你连疼你养你的父母都不爱，怎能奢望你去爱企业？”这一招确实管用，慢慢形成了以“孝”文化为凝聚力的企业精神。

乔家园林施行“不属我所有，但属我所用”的人才战略，先与北京设计院以及北京林业大学等单位进行了卓有成效的合作。现拥有高级工程师 3 人，各项专业工程师 39 人。他还派儿子乔业腾于 2011 年 3 月到哈佛大学学习生态治理，女儿乔业兴于 2010 年开始去美国和欧洲学习城市文化艺术和环境艺术。

乔家园林逐渐发展成为包括了园林绿化、绿化养护、高尔夫球场、科技生态治理、喷播、花卉租摆、园林设计、苗木出售等业务项目的综合性公司。现在拥有河北乔家园林工程有限公司、北京乔纳伟特生态环保科技有限公司、北京乔家园林绿化有限公司三家分公司。并拥有苗木基地 700 亩，合同制工人 150 人。目前，乔家园林已通过 1SO9000 质量管理体系和 1SO14000 环境管理认证，拥有河北省二级资质，可承揽国内外各种大型园林绿化设计施工工程和市政工程。

自从 1984 年以来，乔书领先后为江西八一公园、邢台军需学院足球场、二十七军足球场、石家庄二中棒球场，山东龙口发电厂、山西化肥厂、内蒙古丰镇电厂、邯郸钢铁公司、郭守敬纪念馆、27 集团军、军械工程学院、石家庄裕华东路、裕华路桥、民心河、卓达别墅、植物园、西柏坡行政学院、重庆绕城高速迎龙段、凤凰山公园、北京蓬莱公寓、蓬莱别墅、拉斐特城堡公园、海淀政府培训中心、辅仁外国语学院、奥运村足球场、奥运水上公园、三军仪仗队营房大院、中国第五届花博园、第六届花博会等不同地区和不同单位进行了园林绿化，在祖国大地上留下了片片绿茵，总面积达 2 万多公顷！

为了让农民兄弟们有一个更加长久和广阔的未来，乔书领规划中的下一个发展目标是集团化模式。他希望通过这种运作，将政府提出的“美丽乡村”战略落实为一个具体的产业项目，有针对性地配合“城镇化”目标，从事中国新农村建设过程中的园林绿化工作，并以此带动农村富余劳动力就业。

当前，公司正在以“大三农集团”的名义向工商部门提交申请，并在积极筹划组建一家金融公司，成立全国工商联园林商会，形成一个庞大的绿色产业联盟。未来的乔家园林绿化有限公司将会以更加引人瞩目的形象出现在人们的面前。

乔书领为中国的园林绿化事业做出了巨大的贡献，自己也成长为业界骄子和园林技术专家，他的故事也被许多人所知晓。曾经有一家媒体记者专门采访乔书领，写成一篇文章，叫作“说草不能不说乔书领，他是中国种草第一人”，并放在那一期的封面，使他成为第一位因种草而获此殊荣的封面人物。“中国种草第一人”的总结，真的是恰到好处，对他在当代园林艺术领域的影响力给予了客观而充分的肯定。

细数乔书领成功栽培的园林绿化硕果，不得不为之拍手叫绝：这是一个朴实和真诚的中国农民企业家用心血浇灌而成的！如今，声名远扬的乔书领和他的300多名员工们继续奔波在大江南北，为祖国播撒一处处绿装，改善一片片环境，留下一段段真情！

第五章

从“皇家”转向“人民”

第五届花博会建造皇家园林“热河泉”荣获金奖

1987 年，中央八部委根据中国园林花卉产业发展的需要，共同组织发起每四年一届的“中国花卉博览会”。因其在国内无可替代的专业性和权威性地位，再经过多年来的经验积累，已成为规模最大、档次最高、影响最广的国家级花事盛会，被称为中国园林花卉界的“奥林匹克”。

花博会的巨大影响力，不但吸引了国内各企业积极参加，还有来自 49 个国家和地区的厂商来展示各自的园林景观。业界同行齐聚一堂，切磋交流，争奇斗艳，场面宏大，蔚为壮观。

向河北省委立军令状：拿不到金奖我一分钱不要！

2001 年，正是乔书领在京发展刚刚站稳脚跟并有所起色的时候，第五届花博会在广东顺德已经召开在即了。

出于花博会较强的官方性质，各级地方政府也都非常重视，并督促本地有实力的龙头企业参加活动。当时，河北省林业厅把河北省的园林公司召集在一起专门召开发标会，挑选企业参与这个项目。

作为中国种草第一人的乔书领，也受邀参加了这次花博会的投标工作，从他个人而言，自然不想错过这个展示自身实力的良机。对于这次招标，乔书领既充满自信，又深知机会难得，在座谈会上发言时，他很简单地讲了一句话："如果河北省政府让我干这个工程，我保证拿金奖，如果拿不到金奖，我一分钱不要！"

主持该项工作的河北省副省长一听他说得如此有信心、有魄力，于是很豪爽地说道："好，乔书领，就凭你这一句话，我就认为很好。你干去吧！"就这样，他当着本省领导和同行的面，向省林业厅立下了军令状。

乔书领代表河北省园林行业参加第五届花博会的事情，就这样确定下来了。

挖掘避暑山庄文化元素，高科技人工造雾

参赛要确定一个主题，然后按此主题进行艺术设计和施工。这次的主题是"花溪醉雾河北园——热河泉"，就是要把北方的一些文化元素带到南方去，重现皇家景观的深厚文化底蕴。

该名称出自一个典故。相传在远古时代，承德地界还是一片汪洋大海，海里龙宫中住着龙王和他的子孙。有一年大旱，土地龟裂，庄稼枯萎，黎民百姓饥渴难忍。此事惊动了龙宫善良的龙女，她便偷偷降了一场大雨，不料惹怒了玉皇大帝，说她触犯了天规，就派天兵天将填平了大海，并把龙女压在大山底下。

龙女虽然受尽折磨，但并没有屈服，而是不断从嘴里吐出水泡。水泡慢慢钻出地面，形成一股清泉。泉水甘甜温馨，终年不断，淙淙流淌，滋润了大地，抚育了黎民。因水温热，泉流成河，故名"热河泉"。

清朝康熙皇帝巡游热河时，决定以此为“修文偃武”之地，于是据此建园修林，成为一处皇家园林，也就是现在的承德避暑山庄。从此，清王朝改武功而从文治，努力化解民族矛盾，发展经济，开近300年和平盛世，是为“热河化兵”。

参加本次广州花博会，就是要以故事典故和现有实体园林为参照基础，展示园林绿化技术上的创意和创新，所以是一次名副其实的园林艺术创作。

在施工过程中，山脉怎么弄，山峰怎么弄，都是思考出来的，还要把自己的思想穿插进去。有些奇形怪状的园艺造型百造不就，要翻来覆去修改好多次，实在还不能满意的地方，就得拿着工程图纸找工程师商量着解决。需要参照原版实物的时候，乔书领自己专门从广州飞到承德去观察、摸底，努力挖掘皇家园林的底蕴和文化。

有些造景是灵感一来，一挥而就，颇有些点石成金之妙。比如在做人造山峰时，山不能是光秃秃的土堆，需要造个艺术性的形状来。怎么弄？乔书领首先想到要按照自然的规律、往自然的方向去操作。只见他端起盆水，往那个土包上面一泼，各侧水势顺流而下，瞬间就冲刷成一座座自然的山峰了。

当然，这一“泼”，如同传统国画的泼墨技法一样，也是一门艺术功夫和技巧，即便算是偶然天成，也并非人人可以泼得如此成型。这个轻松率性的艺术造诣，实际上是乔书领多年积累下来的人生智慧的结晶，无意中贴合了中国传统文化中变繁从简的 “简易”理念。

为了在工程核心部位——泉口处表现出一种身临其境的神秘效果，乔书领计划利用高科技设备，使泉水流出的同时冒出雾气来。要实现这个人造雾效果，他花了十几万元，从市场上引进了以色列的人造雾技术。

为了配合景观的整体效果，乔书领从河北农大将苹果小盆景、桃子小盆景和梨子小盆景等通过空运运到广州，布置在景观的适合位置。那些衬托整体效果的绿化草坪，无不修剪得平整起伏，错落有致，现场也整理得干干净净，一尘不染。

与工人同吃同住一起干

乔书领又一次有了充分展现个人魅力的机会，他与施工人员一起奔赴广州。

与以往不同的是，广州地处热带与亚热带交接地带的海边，光照充足，天气闷热，加上水土饮食不习惯，让从北方千里迢迢赶过来施工的乔书领和他的同伴倍受煎熬。但是，乔书领从来是一个干事非常认真的人，尤其像这种具有重大担当的工程项目，为了赶工期、保质量，他不敢有丝毫马虎，也根本没心思去关注不远处那个灯红酒绿的花花世界，不像别的老板那样去尽情享受，而是跟工人们同吃同住，在一些细节上，二话不说一撸袖子与工人们一块儿就干上活了。

生活固然是多彩多姿的，但乔书领更像是一个为生活付出的人，他钟情于为世界创造出更多的一片片迷人的绿色。大家天天冒着 40℃以上的高温，带着一身汗水一身泥，没日没夜地干，手磨破了不断地流血，分不清是血水还是汗水。有时候工人们有些懈怠，不会喝酒的他竟然主动和工友们喝起酒来，对工人鼓劲说：“我们向省里都表态了，立了军令状了，一定要拿金奖！”

在他的带动下，不论什么活工人们都干得兢兢业业，用心细致。连续 40 多天下来，只见乔书领和员工们但凡露在外面的皮肤，都晒得跟非洲黑人没什么差别了，几乎没有不黑的地方，不笑还好，一笑露出一口白牙，别人看着别扭，自己也会发笑。

皇家园林“热河泉”获评金奖

“热河泉”这个漂亮、精致的景观，在乔书领和工人们的共同努力下，终于完成了。

从远处望去，只见群峰错落，云雾缭绕，树姿若隐，一派人间仙界的感觉；进入这个景观当中，可以看到峰回路转，小溪潺潺，周围绿色葱茏，一片春意盎然的样子。

顺着溪流往上去，有一口清泉细细地、缓缓地淅出一泉清水，如泣如诉，像一位忧郁的美女流出的眼泪。在泉口四周，气雾蒸腾着向四周扩散而去，稍远的地方已经一片朦胧，看不清任何东西了。

伸出手放在泉口附近，不一会儿就觉得湿漉漉的，再稍停一会，就变成晶莹剔透的一粒粒水珠，似珍珠、似水晶，冷砭肌骨，令人神清气爽。

人们如痴如醉地站在那儿，似乎在看着观音挥柳一般静若无物，也如同正在欣赏老君修丹，无不乐而忘返……

乔书领在“热河泉”景观中转来转去，对自己的这个园林艺术作品感到十分满意。

9 月 28 日～ 10 月 7 日，第五届花博会顺利举办，31 个省、自治区、直辖市及港、澳、台地区和境外 15 个国家组团参展，客商达到 500 多家，专业人士 13.8 万，观众人数累计达 108 万。

由于中国南北疆域十分辽阔，形成了巨大的文化差异，南方人对北方的一些自然人文景观少有感触，所以“热河泉”这个充满了神秘色彩的文化景观一经露面，不但漂亮，而且耐人寻味，令人沉迷。这对市场经济发达，传统文化心理极强的广州人来说，具有极其强大的吸引力。他们只是觉得新奇、新鲜、漂亮、精致，甚至辨不清是真是假，如果说观众欣赏水平一般，是以非专业角度来看待乔书领和工人们建造的热河泉景观，那么那些参与评比的专家也无不折服在“热河泉”的人间仙境面前。这个园林艺术创作不仅制作优美，艺术性超强，而且科技含量很高。经过众专家评审，公推乔书领的“热河泉”项目获得金奖，展览获得空前成功。

获奖后开庆功会，河北省领导对乔书领说：“原来你说拿不到金奖一分钱不要，现在金奖也拿了，该给你的钱也要全给你，一分钱不欠你的！”

随后，省政府拿出1万元钱奖励乔书领。这虽然与庞大的成本投入无法相比，只能算是一种行政程序和礼节性的鼓励吧。

还有一位领导对他说：“乔总，你的人格征服了我们啊，你的人格也征服了省政府。”对乔书领而言，也确实不在乎这点钱，更不是为了钱而远赴广州，主要是领导的信任和关怀，让他倍感亲切，让他觉得更“实在”和幸福。后来回忆这段经历时，他说：“我这金奖不仅仅是用汗水，而是用鲜血换来的。”尽管如此，但他认为很“值”。

第六届花博会设计施工“柏坡情”，开创红色园林先河

乔书领在第五届花博会上成功完成了皇家园林景观“热河泉”的艺术创作，受到了广大观众和诸位专家的一致好评，拿到了金奖。按常理说，本来应该是一件值得庆贺的事情，但在他的心中，却怀有一丝遗憾。

因为，这次建造的皇家园林虽然具有很强的艺术性，却精致有余，实用不足，无法体现出人民艺术的大众化特征。用他的话来说：“皇家园林就是人民用血汗，用双手，为皇家贵族建造的园林。为什么皇家园林圆明园被英法联军放火烧了？就是因为它是皇家园林，这就是皇家园林的宿命。世界上有欧式园林、美式园林、日式园林、苏州园林、岭南园林、皇家园林，不管是哪个园林，都是为皇家贵族建造的园林。中国解放这么多年了，人们还在皇家思想里边没有解放出来。如果说还要建皇家园林，一个民族就会完蛋。”

到了 2004 年，乔书领第二次受河北省政府委托，筹备参加 2005 年的第六届花博会。这时候，思考了很久的建造人民园林和红色园林

的想法，终于有了实现的机会。

改变省政府定调的“燕赵情”主题，设计“柏坡情”方案

当第六届花博会尚在招标阶段的时候，中央八部委就在四川召开了各省参展协调会。之后，河北省政府又按惯例召开发标会，并以长城在河北省的源头“老龙头”为基础景观，向各个规划设计、施工单位提出了一个指导性主题“燕赵情”，第二个备选原型，是“世界第一桥”赵州桥。

众所周知，乔书领的执着已成为他不可更改的本性，这种性格使他不会因为人、事、物的变化而变化，而是一直坚持自己所想，敢于表达不同观点。所以当他听到河北省政府定下的参展基调后，他却产生了另一套想法。

他出自农村，长期活跃于河北各地，对“西柏坡”这片红色圣地十分熟悉，多年下来还产生了一种独特的情感，也发现这里有更多可供挖掘的内在潜质。比如说，西柏坡的“毛主席故居”、“七届二中全会会址”知名度这么高，这么好的主题，这么好的政治资源，为什么河北省、石家庄市没有把它好好利用一下呢？

他曾说过，如果能将这块红色牌子利用好了，开发红色旅游，将是一件利国利民的好事。有过这个想法以后，苦于一直没有合适的机会，所以就压在了心底。这次省里有与这个主题非常接近的园林活动，正好可以顺势利导，发扬一下这个红色精神，岂不是更好？

乔书领于是又推陈出新设计了一个新方案——“柏坡情”，上报给当时主管农业、也是本次活动负责人的副省长。

“柏坡情”方案获省政府高度重视和赞美

省长拿到乔书领的“柏坡情”设计方案一看，当时就大吃一惊：“哎呀，太好了，还招什么标，这个项目就由乔书领来做吧。”

乔书领也没想到事情会这么顺利，正在思考其中的原因时，省长又说话了：“乔书领，这是政治。咱们国家发展到现在的黄金期，也同时到了矛盾突发期，你设计的这个主题会更有利于社会和谐。你是一个民主党派人士、一个农民，能设计出这样的方案，我代表省委省政府感谢你。”

其实，在乔书领想着要提出修改原来主题的前前后后，认识的深度还没有“政治”那么高，经过领导点拨，他终于恍然大悟：原来如此。

他还得知，其实这个事竟然还上报给了中央宣传部，经过了中央宣传部的同意和认可。

乔书领的“柏坡情”提议受到省长支持，也获得了省政府的高度重视和认可。于是，他就带着深厚的感情，根据国家八部委“关于举办第六届中国花卉博览会的通知”和“六博会”组委会的设计要求，同时结合河北省确定下的总体方案，认真地一步步去落实了。

在汇报策划思路的时候，几次经过和省长亲自交流，来回修改，也特别受到了省筹委会顾问、省花卉协会会长的大力支持，终于有了眉目。各级领导同意修改意见之后，乔书领要带着自己的施工团队到西柏坡进行培训、搜集创作素材、寻找艺术灵感。省长说：“我亲自带你到西柏坡参观。”

乔书领一行在省长带领下驰往平山县。

到达平山县的时候，远远看见县委书记早就在那儿候着，于是人马汇集一处，向西柏坡驰去。

乔书领当时心中那个光荣，那个自豪，真的是无以言表。那时候他才能真正体会到人生的幸福和价值，用金钱是绝对买不到的。

有了省领导的亲自把关和过问，乔书领当然更是信心十足，非常慎重地思考这次创作的细节。

他首先要在政治方向上进行正确定位：这次的主题和亮点，毫无疑问是“革命圣地西柏坡，新中国从这里走来”，为此，就要想法通过“西柏坡”这个点，全面展现景观所包涵的文化底蕴，其中要突出一个感情的“情”字。“能不能为了人民，建造属于人民自己的园林？现在设计出这一个‘柏坡情’，就是为人民建造人民的园林，这就开创了人民园林的先河，这样的话，主题的思想境界就达到政治的高度了。”

乔书领按照这个思路设计了一套又一套方案，前后历经十几次修订，最后终于尘埃落定，可以开始施工了。但问题又来了，因为这项工程投入极大，现有资金不足以运转。

为了保证工程进度，按时完成领导托付的政治任务，乔书领当机立断，打出售房广告，把石家庄那套别墅以五十多万元的“跳楼价”卖掉了。卖了房子，资金回笼，赶快投往“柏坡情”景观工程。

实际上，对他而言石家庄别墅的意义十分重大，那是他“异货交换”商业模式的首个成功案例，也是他从草坪种植成功进入园林绿化行业的开山之作，但现在不得不忍痛割爱，那种痛苦与幸福共存的冰火两重天的感觉实在折磨人，其中冷暖，唯有一人自知吧？

他后来这样表达自己的心情：“把自己的牙打掉连血一块儿往肚里咽。之所以这么干，是因为接受了这个工作，就不能说自己经济上有问题。怎么能向省里面要钱？那样就没有境界了，这种荣誉不是金钱能衡量的。”

将修改十几次的最终方案带到父亲病榻前

那年正要过国庆节，省林业厅的处长亲自到石家庄，参与乔书领设计的工程方案的细节修改工作。

就在两人一块儿工作的时候，乔书领忽然接到消息说，多年来一直支持自己事业发展的老父亲，在北京得了脑血栓！这个突如其来的变故让他进退两难：这是多么神圣的工作，方案细节还没最终确定，还有上级部门派来的处长在配合工作，回北京显然不现实；不回去，老父亲那边又牵挂不下。

在忠与孝之间左右徘徊的他，得知自己的爱人、儿子和女儿已经送父亲到安贞医院抢救，心中稍有安慰，忐忑不安的心情也稍微平静了一点。他一边加紧细化工程方案，一边不断地打听父亲的病情，在十分沉重的压力面前，渡过了一段难忘的日子。

等到方案终于确定之后，为了安慰老父亲，他拿着修改好的“柏坡情”案卷，郑重其事地递到父亲的病榻前。

父亲当时轻轻点了点头，那是对他工作的支持和认可。

他心怀愧疚，但更明白父亲的最大心愿，是希望儿子把这个光荣的事情顺利做好，这事比陪在自己身边更重要。

“爹，儿子做成功了！”当乔书领说出这句话的时候，不但父亲感动了，连他们整个病房中的人都感动了。

让乔书领深感欣慰的是，父亲的病只是一场“虚惊”，抢救过来后住了半个月医院，就平平安安回家了。

在这次事件的处理中，让乔书领十分高兴的是自己已经长大的儿子，表现得“特别厉害，看得挺明白”。

小家伙曾对他说：“爸爸，我爷爷不需要你，我爷爷最需要的是你把这个事情做成功！”

有了家人的全力支持，让乔书领信心倍增。当工程进入施工阶段以后，他和他的施工团队人员没日没夜地天天奋战在建设第一线。

为了保证“柏坡情”景观的整体艺术品质，特别是一些珍贵花木的成活率，乔书领竟然自己掏钱走空运从北京的苗木基地往成都运送树苗！这一疯狂的举动，创造了中国人利用空运送树苗的先河！

巨大成功：“柏坡情”园林景观设计黄金周参观人数30万人

热火朝天的施工场面，展现“柏坡情”这个独特主题，引起了当地人民的高度关注和热情欢迎。一个同样是民盟盟员的老红军战士闻讯赶来，含着眼泪亲切地对他说：“这个‘柏坡情’建的好呀！我这个老红军战士要感谢您！”

他看到当地干部群众的这种热情，激动得几乎说不出话来。后来一想，索性自费设计印刷了很多宣传“柏坡情”的宣传材料，顺便还在那儿举办了一个全国青少年爱国爱党艰苦奋斗的教育活动，也算是展览的预热和铺垫吧。

人们闻讯之后扶老携幼地过来参观，那位老红军还专门赶来帮忙，义务向群众分发传单，让乔书领感动万分。

“柏坡情”从2004年施工到2005年第六届花博会在四川成都成功举办，前后历时一年多。直到开幕这天，乔书领才终于松了一口气。

2005年9月28日，中国第六届花博会在四川成都隆重举行，由河北省政府推送的以描绘革命圣地西柏坡为主题的园林艺术巨作“柏坡情”也同时开展。只见“柏坡情”主题展区入口处的小广场上人潮涌动，热闹非凡，一时间成为花博会的焦点。

这是一个简约而朴素的半圆形布局，左侧矗立着约一人高的椭圆型巨石，上书“柏坡情” 三个金色大字，直击展区主题，在阳光照射下闪闪夺目，熠熠生辉；右侧，另一块巨石横卧其间，横向雕有“新中国从这里走来”，俨然一张内涵至深的形象名片，也像一只巨手引导游人步入其间。

由径而入，往左是景观区，起伏平缓的绿草地郁郁葱葱，生机盎然；稍远，树木掩映下的柏坡湖碧波荡漾，岸边各色奇石错落有致，上书“柏坡湖”的镇湖石一石突兀，稳居其间；水面上漂浮着片片荷叶，托起一朵朵妖娆的荷花，轻轻地随风摇摆。往右是教育主题区，在小径通道一侧的空地上，摆放着老区人民用过的手推车；前方不远，是一片开阔的院式广场，里侧呈犄角状坐落着这个主题景区的核心标志——七届二中全会会址建筑和毛主席旧居，体现出浓郁的河北地域特色，深刻反映出老区人民的纯朴性格。

“柏坡情”展区将红色、教育、环保、观赏、自然、传统、民俗、和谐等诸多要素，巧妙地融合在一起，浓缩为一片精致的红色朝圣圣地，在人们的内心凝成强大的精神磁场，让游人身不由己地顺着青石铺成的弯曲小径，探寻一场难得的跨世纪心灵之旅。

站在庭院广场中间，会感到整体空间感十足，景观搭配得相得益彰；进入决定共和国命运的“七大”会址，在历史的回味中一会儿心旷神怡，一会儿激情澎湃，跌宕起伏之间，几乎让人乐而忘返。

人们在历史的时光隧道中，置身于伟人的身边，重新缅怀战火纷飞的革命年代，陶醉在激情燃烧的峥嵘岁月，体味着运筹帷幄的千古豪情。在这里，可以摸一把太行儿女支前的独轮车，感受一下质朴无华的黄土地，看看农家院的石碾、玉米和红辣椒，想象先辈们在旧式民居中的工作和生活。

走进“柏坡情”，就是走进一段艰辛而又辉煌的历史，就是感念老区军民的鱼水深情，就是传承革命先辈艰苦奋斗的精神，就是现代都市人回归历史、接触自然和感念生活的红色旅行。

走出来的游客，个个如同刚刚经历了沁人心脾的精神沐浴一般，无不面露清爽愉悦之色。大家继而呼朋唤友，奔走相告，更多游客纷至沓来。

如此盛况，在短短的黄金周期间天天上演，到展示结束，参观人数竟达30多万次，留言70多本，开创了中国红色园林旅游的先河，刷新了同类活动项目的历史记录。

“柏坡情”主题景观以花为媒，寓教于乐，取得了圆满成功。

为人民建造园林

共产党的宗旨就是全心全意为人民服务，是让劳动人民翻身得解放。为人民服务，也仍然是我党毫不动摇的执政方针。所以，在乔书领看来，建造红色园林，就是建造人民园林。

“柏坡情”主题景观参观者那厚厚的70多本留言，无不体现了人民的意愿和向往，被乔书领当成一笔宝贵的财富，一直保存在自己的身边。因为这证明了，他“在这里开创了红色园林的先河”。

在乔书领的心里，还时刻牢记着一百多年前英法联军进北京火烧“百园之园”圆明园的耻辱。这不但是中华民族的耻辱，也是皇家园林走向穷途末路的象征。正因为此，他要下定决心建造出更多的属于人民的园林。

这一次，乔书领的景观艺术再次受到组委会及专家的高度赞扬，并且得到河北省政府的褒奖，同样获得前所未有的成功。受这次成功的鼓舞，他更加坚定了为人民建造园林的决心，在内心深处进一步形成了一套完整的以人民园林为主题的整体发展战略。

博览会结束后，工程团队开始着手准备撤展工作。

这时出现了一幕小插曲。不清楚河北省政府与对方签了什么协议，四川省林业厅非要把这些景观实物留在当地，包括毛主席故居以及七届二中全会的牌子。

乔书领问是什么理由，对方人员说：“不用摘，人家签合同了，这些都给我们了。”

他作为一个河北人，对这种做法有自己的意见，但心中没底，想道：“这个西柏坡是在河北省，不能让别人占有，留到这儿就成了历史遗留问题，就犯了错误。办事得圆满，不能办虎头蛇尾的事，不能办糊涂事……”

经过再三思考，他还是以极大的勇气摘掉了那块牌子。

直到今天再提起这件事，乔书领还是一脸的自信和满足。

承包奥运水上公园和第一足球场绿化工程：你说多少钱就多少钱

“你说多少钱就多少钱”

时光如白马过隙，转眼快到2008年这个不同寻常的年份了。

世人都知道，北京将在这一年举办举世瞩目的奥运会，与此同时昭示于世人的，将是自改革开放以来经济成就最为辉煌和综合国力最为强大的中国。

让中国人难以忘记的，是北京“申奥”的一波三折。最早是在北京成功举办“亚运会”不久，中国即提出举办2000年奥运的申请，但未获成功，于是继续努力，终获“奥委会”一致通过，前后历时近20年。

正为此故，2008年奥运既开，无异于一愿数得，多喜临门，足致民意沸腾，举国欢庆，诸邦齐引颈，天涯共此时。

“奥运会”对任何举办地来说，都是一项非常巨大、非常考验当地综合实力的社会化工程。对刚刚崛起的盛世中国而言，无疑更是一项世纪工程和政治工程，如不倾全国之力办奥运，则必不足以成其形。

奥运之大，千头万绪。随着申奥的成功，北京从 2004 年就开始了大面积的城建和改造工程。规划中奥运村所在地洼里乡更是一派大兴土木的景象。

如果将目光聚焦于与乔书领的园林绿化工作有关的奥运场馆绿化建设上来，会发现仅此一项工作竟然也是如此庞大和繁琐，甚至是如此艰辛和波折，细细想来，办一届成功的奥运会，还真的是不容易。2005 年 6 月，北京要建奥运村第一个足球场的消息惊动了无数人，有关绿化工程这一块，也列入议程。

不久，北京奥运村办事处绿化办开始进行紧张的工程招标准备工作。全国各地的园林公司闻风而动，几乎一哄而来，工程竞标争夺得十分激烈。

大家都知道乔书领平时的性格和做生意的风格，何况这一次又是中国有史以来头一次承办的世界级体育盛会，他怎能充耳不闻，自甘人后？所以当他闻此喜讯，既紧张又兴奋，“铺设足球场，代表着全国的最高水平，而且是为奥运会铺设足球场，这对于一个种草出身的农民是一个莫大的荣誉。”他一番精心策划之后，立刻赶到招标现场。

莫道君行早，自有早行人。工作人员静静地对他说：“参加竞标的人太多，你来晚了，我们已经焦头烂额了。”

吃了闭门羹的乔书领报定了“不到黄河不死心”的决心，天天站在奥运村办事处的门口等待机会，几天下来，终于“堵”住了洼里乡林业站的站长。

站长真给面子，与他交行了交谈。

他先入为主地开始推销自己的企业优势：“我们公司有北京市最大的喷播机，能在岩石上种草，还有北京林业大学的技术团队做后盾。”

乔书领的一席话让站长略微点了点头，忽然问道："现在因为施工工地太多，扬沙和浮尘问题十分严重，奥运建设遇到的第一个难题，不是其他，而是浮尘，这已成为了奥运建设中的绊脚石，请问你有什么办法治理？"

这个内容显然出乎他的预料之外。但是他想了想，便滔滔不绝地把治理扬沙和浮尘的想法说了出来："这种环境治理工作是个慢活和系统工程，除了在施工过程中注意不挥撒沙土和加强覆盖这些技术性方法之外，最好的根治方法是我们每一个搞绿化的人都去踏踏实实地做好自己的绿化工作，同时，各级主管部门也要加强监管。等到工程完工，绿化全部到位，环境自然会好转。"

站长一听也对，顿时来了兴趣，不但放弃了自己原来急功近利的想法，也对乔书领的长远见解敬佩有加。

"你的这个工程价格，怎么个说法？"站长问他。

这又说到乔书领的老套路里边来了，他二话不说，就简单明了一句话："站长，只要是奥运工程，价格我听你的，你说多少钱就多少钱，绝对保证达到国际水平！"

站长似乎遇见一个人间奇葩，一下子被打"晕"了："我当站长、搞绿化也有30多年了，与我谈业务的人不少，可从没有你这么谈的……"

他一看似乎有些不妙，赶紧进一步解释："其实我并不缺钱，主要是想能为奥运做点贡献，只要有这个光荣的经历就行了，什么钱不钱的都是小事。"

站长稍微缓了一下神，然后非常爽快地答道："这是2008年奥运的第一个足球场，意义十分重大。就凭你的这份诚信和实力，好呀，你就甩开膀子干去吧！"

乔书领当即表示："保证完成任务！"

就这样，他接下了位于奥运村北、北五环旁边的“奥林匹克森林公园第一足球场”7万平方米的绿化工程，并且还真的毫无条件地去干了。

接下来是施工前紧张的准备工作。乔书领结合国际先进理念，根据场地的实际情况，连夜考虑方案。

他认为最重要的一项当然是采购草种，只有好的草种种出来的草坪，才能保证健康生长、成型均匀，为后期修剪养护打下一个好的基础。为此，他专门跑到天津，选购了国家级品牌“中华结缕草”，这是国内档次最高的、品质最好的足球场地专用草种。

再下来是种植草坪。

这个项目的施工单位实在是太多了，工程方将绿化分割成若干块，让很多工程施工队同时进场，大家你一块儿我一块儿，各干各的。

乔书领现在因为已经有了大型喷播绿化设备，完全可以实现机械化操作，所以不到一个月的时间，7万平方米的草坪就全部喷播完毕。但养护工作非常复杂繁琐，几个月之后，他已经累了个半死。

可是当他看到足球场上用“中华结缕草”草种种出来的草坪长势喜人，渐渐地穿上一层松软、嫩绿的“外衣”，长势明显与众不同，就感到全身都充满了激情。“我们铺的足球场和国外先进国家相比，一点都不差。”乔书领骄傲地笑道。

投入必有回报。当年10月验收时，优异的工程品质折服了一向苛刻的评委，大家无不为之赞叹，不出意外地一举获得通过。

乔书领的生意做得很大，有目共睹，但手头一直很紧，则几无人知。这既是性格所致，也与这个行业的规则和时下的社会风气有关。在资金紧张的时候，他往往也是无所适从，到处想辙：此前干第六届成都花博会时，不得不卖了石家庄那套心爱的别墅，到了北京奥运绿化时，同样的问题又来了。这一次他刚刚干了一个月左右，就实在撑不下去了，于是壮着胆子去“请教”站长：“大哥，能给我点钱吗？”

站长的回答甚至比乔书领当初的承诺还简单：“你要多少？要多少给多少。”这下，轮到乔书领犯晕了。

站长的话不但出乎他的预料，确实也让所有人佩服北京奥运会“真不愧是国家工程，气魄实在够大，不差钱！”

不过越是这样，越让乔书领不好意思。他慎重地以商量的口气说：“那就先给20万吧？”

对方一口确定下来：“好，你开票吧。”

后来，站长出于朋友之谊，曾批评他说：“乔书领你这个人太好了！不过你太老实了……”

他赔着笑脸憨憨地说：“大哥，我要不老实的话，你能认我这个老弟啊？”

与站长的这段合作，让他更加注重在生意上的真诚，也更用心地去做人、做事。他甚至为此强调：“签合同有什么用？你算计我，我算计你，算来算去算计了自己。别算计，用真诚的心就够了。”

“绝对是国际水平！”

高超的技术为乔书领打开了一扇窗。

2007年3月，他的北京乔宏（集团）园林绿化工程有限公司又拿到了顺义“奥林匹克水上公园”贵宾区、各国国旗区等重要区段，约为总体绿化面积三分之一的喷播绿化工程。

水上公园水面面积约63.5万平方米，绿地面积约58万平方米，绿化率超过83%，是北京奥运会水上项目的主要比赛场地之一，奥运会和残奥会期间，将在这里举行赛艇、皮划艇（静水）、激流回旋、马拉松游泳等多项赛事，将产生 32 枚金牌。

能够承担奥运赛场绿化任务已属万分不易，为了达到场地的最佳效果，乔书领需要潜心研究施工方案，“我们的任务就是把这里打造成天然氧吧，不仅让运动员能更好地发挥，还要让观众在奥林匹克水上公园尽情地享受奥运比赛。”

一般而言，绿化草坪对后期修剪、养护工作的要求并不太高，用价值几千元的普通剪草机就可以完成。但对乔书领来说，这可是一件为中国人长脸的事情。所以，为了做出国际一流水平的草坪来，他不计成本，又投资30多万元买来世界上最先进的高尔夫球场专用设备——大型“三连剪草机”，创造性地把高尔夫球场专用剪草设备运用到了景观草坪的修剪上。

在质量问题上“小题大做”，乔书领的表现在业内实在少见。此后半年多的施工过程中，他几乎没有睡过一个囫囵觉，一门心思用在工程施工当中。在他的精心管理之下，工程进度十分顺利，那些经过修剪的草坪从远处看上去，满眼绿色中露出深一道、浅一道的明暗差别，就如同一幅绿油油的现代派风格的大型油画，完全超出了预计中的艺术效果，但凡看到的人无不交口称赞。又一个精品工程出炉了！

到了 2007 年 12 月，乔书领承担的区段艺术化草坪终于完工了。在验收阶段，前来视察的奥组委专家和评委一看，都惊呆了！大家赞不绝口，众口一词：“这是国际水平！”对工程质量给予了充分的肯定，一次性通过验收。这“国际水平”的评价，让乔书领在绿化行业中又提升了一个档次。

数年投入，数日激情。

2008 年 8 月 8 日晚 8 时，北京奥运会在人们急切的期盼之中，有条不紊、按部就班地胜利召开了。

开幕式上宏大的场景，壮丽的烟火，欢呼的人群，共同见证了这难忘的一刻。连续十几天的紧张赛程，中国体育代表团也取得了前所未有的好成绩。中国形象和五环精神，在北京奥运会上再一次展现在世人面前。

2008 年奥运会结束后，奥运村办事处绿化办为了表彰他，特别颁发了“为绿色奥运做出贡献”的荣誉证书。乔书领在奥运绿化工程中，终于争取到“有此一名”的事实存在了。这对他来说，本身就是一个莫大的荣耀!

当奥运绿化的重担卸下来之后，乔书领对这次的“收获”进行了总结。他对采访的记者说：“从第一次签下奥运工程合同的那天起，我就认为，无论是从硬件技术还是管理理念上，都应该和国际接轨了。我不能没有这个信心，因为相信自己才能赢。换句话说，只要相信自己就一定会赢！”

他认为自己之所以能够做到这种水平，完全是一种心境和人生的境界。也就是说，商人虽然有“在商言商”的游戏规则，但一个真正的商人更要算人生帐、生命帐和价值帐，这个高度并不是小学生都会的加减法，而是要学会算乘法——这个乘法显然不是商业暴利，而是乔书领心中那个无形的精神追求。

向农业部申请：为“建造美丽乡村”出力

乔书领有丰富而艰辛的农村生活体验，感触颇多的他多年来许下了好多未了的心愿：少年时的个人心愿是改变身在农村的命运，成年后则有更多的社会性命题。其中有关乎家国天下的社会性目标，他提出的“人民园林”算是其中最重要的一个，直到今天，仍一直在努力寻找合适的突破机会。

党的十八大提出“美丽中国”概念，把生态文明建设放在了突出地位，2013 年的中央“一号文件”则进一步提出“建设美丽乡村”规划，使得“美丽乡村”从概念发展成为一个具体的政策项目。乔书领多年来建造“人民园林”的想法，与“美丽乡村”的理念不谋而合，终于有了接地气的天赐良机。

在“美丽乡村”的相关文件于 2013 年刚刚发布的时候，乔书领就迫不及待地去农业部申请参与这个项目的具体工作。因为他具有得天独厚的优势，所以在这一次的竞争中再次成功胜出，成为农业部确定的绿化工程单位。

乔书领再次身负政治使命，他为此进行了认真细致的考查论证，并写成了非常详细的落实方针和实施方案，万事俱备，只欠主管部门一声令下的东风，即可全面启动操作。

乔书领长期游走于城市与乡村之间，对于“美丽乡村”的理解自然高人一筹。

他觉得，“美丽乡村”跟美丽城市的建设一样，是美丽中国必不可少的一部分，在建设好美丽城市的同时，还应当建设美丽乡村。乡村美丽了，乡村生活提高了，农村人就能享受更高质量的生活，而城市人在丰富多彩的城市生活之外，也可以到农村去体验美丽乡村的生活。

可以期待，随着中国城乡户籍制度坚冰的缓慢消融，绝大多数人口将能够自由地进入城市并安居乐业，通过城市的反哺，中国也将出现更多的美丽富饶原生态的美丽乡村，这样一来，乔书领的美丽乡村梦也将有更大的发挥空间。

第六章

为园林和景观造“魂”

三军仪仗队大院绿化工程：没标准的标准

没标准的标准

2007 年，中国人民解放军陆海空三军仪仗队营房大院要做绿化，乔书领应邀去参观考察。

他进去之后一看那些新建的营房周围光秃秃一片，毫无生机，立刻就止步不再往前走了，而是直接去找负责工程的部队领导说：“我是专业搞园林绿化的，我给你们做吧。”

队长听他这么自信，也不好说别的，答道：“这么着吧，你先画个图，看看你的设计思路如何，再定。”

乔书领想：这三军仪仗队是中华民族的脸面，他们代表着中国的形象，这个工程一定得弄出个名堂来。他专门去找了一位北京林业大学的博士生，向对方讲解了自己的思路和要求，要求对方给他画一幅效果图。图很快画好了，看起来也非常漂亮。

乔书领拿着效果图到三军仪仗队汇报绿化方案，对方看后略有沉思，然后忽然问了一句："你为什么这样设计？你的思想和理念是什么？你有什么标准？"

他好像没有想到这么多，一瞬间他也不可能再细想什么，于是直接说了句很抽象的话："我施工设计没有标准……"

对方一听，两眼愣愣地看着他，觉得眼前好像站着一个精神病患者……

乔书领觉得肯定是"砸"了，他想：政府部门的那么多绿化办，想给人家白干都还干不上呢，这下可好，我来了一个"没有标准"的汇报，这怎么往下谈呀？还是他多年的经验积累起了作用，当时也不含糊，很快便补充道："我没有可以量化的标准，我的标准是看不见摸不着的，它就是精、气、神！"

他看到对方还沉浸在刚才的话语中，对这句话明显有点不解其详，于是努力地定了定神，放大了声音继续解释："天有三宝日月星，地有三宝水火土，人有三宝精气神。军人更要讲精、气、神，我这'精、气、神'三个字，就是绿化三军仪仗队营房大院的标准！"

乔书领也不清楚自己怎么就凭空妙语连珠地表现了一番。能够如此深入"骨髓"，绝对无异于一篇言简意赅的中国文化概论，顿时让在场的每个人听得如醉如痴，那位队长当时就给他鼓起掌来。

用植物、石头表现"精、气、神"

开始设计的时候，乔书领为了达到使草坪具有"精、气、神"的艺术效果，构思用植物、树、草、石头和景观进行不同的搭配，营造出不同的造型，使之能"说出话来"，以体现仪仗队非同凡响的精神面貌。

施工时，他以绿草为底色，来体现东方人的智慧；将过道铺成一条东方巨龙的龙形，体现理想和腾飞；随意摆放一些大小不等的休闲石，表现坚强的作风，对巨龙起到画龙点睛的作用；选择一些自然生成的“龙”形树在过道两边间隔种植，体现“龙家族”的团结和战斗力；再植以冷、硬风格的松柏树，体现出不惧严寒、四季常青的品格。

整个景观就是中国龙文化的浓缩小品，表现出中华民族的精神图腾，人们看后会不由自主地会升起一股民族自豪感，打心里赞扬充满了“精、气、神”的三军仪仗队。

工程完成，获奖十几万元

工程完工后，部队专门给乔书领颁发了荣誉证书，肯定他为支援国防建设做出的贡献。另外，还特别奖励了他十几万元，这让他有点受宠若惊：“我也不是为了挣钱才来的……”

乔书领的业务范围越来越广，政府机关进去了，奥运场所进去了，部队大院也进去了，可以说几乎没有乔书领的业务够不到的地方。

活用“龙凤石”，成就武陵山脉园林工程

重庆市秀山土家族苗族自治县，位于重庆市东南部，四川盆地东南缘外侧，武陵山脉中段的崇山峻岭之中。

在这武陵山脉当中的秀山县境内，有一座凤凰山，周围流传着一个古老的神话传说：凤凰山本名豹子山，有一天凤凰途经此地，落在山上歇息，恰被一只豹子看见，于是冲将过来扑向凤凰。经过一番搏斗，凤凰翅膀被豹子咬伤，只能挣扎着飞到山林深处，不得外出，遂躲避于此休养生息，再无面世。这座山，从此名叫凤凰山。于是豹子山就变成了凤凰山和豹子山两座山。

据清代秀山县志记载：凤凰山林木茂密，如凤凰羽翼，每当日出，太阳恰似凤头宝珠，金光闪耀。此时林间水气升腾，云遮雾障，山峰时隐时现，好像凤凰舞动，蔚为壮观，故称“凤凰展翅”，为秀山美景之一。

比国家标准还要高

乔书领这次接手的凤凰山公园市政园林大型景观工程，是一个政府开发项目。当地工程主管单位给出的思路是，利用自然景观与人工景观的合理搭配，再现当地神秘文化，体现人与自然和谐相处，充分表达中国传统文化“天人合一”的深刻内涵。

显而易见，这不仅仅是一个只需按图索骥就能完成的普通景观，而是一个对自然环境进行二次人工改造的系统工程。当中不仅包括园林艺术的各种要素，更关健在于作为当事主体的“人”。在这场自然景观改造工程中，如何正确定位自己与环境的不同角色和地位，如何协调人与自然的轻重比例，如何表达人文精神和自然语言，如何在实现设计理念的前提下尽可能不破坏现有环境的自然机理，如何在自然环境中体现时代风貌，以及如何及时、高效、安全地进行施工操作等。

当乔书领通过招标会中标之后，这些是他思考的诸多问题中的一部分。他以前的行业经验多是城市里的单项工程或是那种微缩型的袖珍小品工程，这次是头一回大规模改造自然景观。可以这样说，上述所有问题既是这个工程的亮点，也完全是工程的难点。也就是说，只有克服了这些难点，才能突出工程的亮点。所以，结果如何，还要取决于施工过程。

正所谓智者千虑，必有一失。乔书领顺利接得武陵山脉景观工程，却忽略了这蜀地之险对施工技术操作的种种掣肘之实，更要命的是，他竟然没有提前进行现场考察，所以当工程队伍推进到施工现场附近，因为受阻于巴山蜀岭而不得不停滞不前时，一下子惊呆了……

乔书领生长在平原，习惯于那种一望无际的感觉，他多年来一直游走于全国各地，虽偶有山路之险，却从未因险而阻，所以胸中从未因山而惧。他本来设想，这次施工如果道路不便，运原料的时候远的甚至可以调用直升机，现场则用塔吊，可当他往高处走了一段，向四周扫视一遍，忽然大叫一声："我的天哪，这可怎么办？"

他越想越后怕，甚至有些悔不当初……看来，真要愚公移山了！

设计与施工有差距，想象与现实更是截然不同，现在乔书领需要的，既是理性，也要激情。

为了适应现场施工的需要，他没有按照图纸设计的要求进行施工，而是自己做主将那个标准主动修改了一些，然后调来挖掘机，在悬崖绝壁上一步步破山，开出一条可供进出的盘山通道，把车辆行进的坡度降下来，便于通行。这样总共形成了一条长达九公里的环山道路。

再下来运送原料的时候，还得用铲车端着往上走，运到第二道台阶上，因为人工运送量少且成本高，所以只能再用马驼着往上运。这个过程无比艰难，时时刻刻充满了危险，惊心动魄的故事数不胜数。

整个工程合计算下来，总共运送了几十万吨的料，其中花费的成本，更是无法计算。当有人问乔书领的施工标准时，他指着那些在山崖峭壁间行走的施工队伍说："这就是标准！"

当人们看到景观大道、山间小道、凤凰大门、亭子、山石、草木、植物等各种景观初露峥嵘时，一定会感到他所说的话一点不虚，"确实如此"。从武陵山脉景观工程的整体效果而言，虽然对原有方案有所变动，但最终结果确实比国家标准还要高，这也得到了所有人的一致认可。

还有一个事情，体现的是乔书领的"犟劲"。

在修建一个大门口的挡阻墙过程中，因为道路是倾斜的，所以放线的时候就从上往下按道路放，结果造成两个挡阻墙之间相差了十公分，无法实现设计要求。当工程监理和园林局的人看了之后，轻描淡写地说："没事。"

但乔书领做事从来要求完美，更不会糊弄人，他认为，如果园林局说没事自己就认为真的没事了，这一个歪念头会被后人骂多少辈子的，人家会说：“你看谁干的活，挡阻墙都不正。”这是给自己心中留下了一块伤疤。

想到这里，他对在场的局长说：“局长，是这样，这是一个做人做事的态度。如果我立个挡阻墙都立不直，怎么对得起我的技术和良心？”转过身来，对施工人员说：“给我拆了！”

这一拆可不得了，几十万元的成本一下子就打水漂儿了……

反躬自省，是乔书领的强项。在拆这个挡阻墙的过程中，他考虑到更重要的一个原因是：我儿子远在美国，这样做不但自己受益，而且受益最大的是我儿子。让他知道做人不要光算经济帐，而是要算全帐。做好了人才能做成事，做人、做事要一丝不苟。

他后来在给儿子打电话时说：“儿子，你知道今天爸爸做了一件什么事啊？是这个挡阻墙的事，监理、甲方、业主都说没事，爸爸说不行，给我拆了。儿子，这就是爸爸，做事一定要先做人！”

这件事，还写在乔书领的日记里，成为他的传家宝。

发现“龙石”和“凤凰石”

2012 年 1 月，春节的前夕，乔书领在凤凰山公园施工过程中，遇到了一件令人称奇的事情。

工人们在山北坡挖土方时，挖出一块儿形状怪异的石头，有两、三米长，貌似一只凤凰的外形。

大家一看，联想到凤凰山的名称，一下全就惊呆了：挖出来的这块凤凰石，一定是一件天庭之宝、人间奇物，工地上一时议论纷纷。

消息迅速传开，传到了一个大老板的耳朵里。此人火速赶来，说可以出十几万元把这块石头买了。

施工队的工人们一听十分高兴，又觉得这是从大山里挖出来的，属于上天恩赐之物，大家一商量，都说：“卖了算了。”主意已定，就由九个人抬着给人家送去了……

这个事情非同小可，一下牵动了各方关注的眼光。

首先，凤凰属百鸟之王，不仅代表吉祥富贵，也代表尊严和地位，是中国传统文化的源头之一，古代乃皇家御用之物，与平民无缘，也不可妄自为之。其次，古有“凤凰不落无宝地”之说，但凡凤凰落处，皆风水宝地，怎可轻易移往它处，断当地兴旺之脉？

工人们的行为触动了当地人的敏感神经，当地百姓二话不说，直接报警，然后，凤凰石被收缴回归原地。

这在当地是一大新闻，电视台也进行了报道。乔书领得知结果，不禁拍额称庆：“太棒了，是我的就是我的！”

常言道，无巧不成书。就在挖出第一块凤凰石不久，另一块龙形石竟然也“石破天惊”地横空出世了！

以“龙凤石”为魂建造武陵山脉园林景观

“龙”者，行云布雨、能大能小、能升能隐，大则兴云吐雾，小则隐介藏形，升则飞腾于太空之间，隐则潜伏于波涛之内，与“凤”同为汉族民族的精神图腾。

乔书领得此天地灵宝，唯有从万民感念，仿那“和氏壁”的故事，将龙凤二石修饰成型，立于山道之侧，称之为“龙凤石”，并刻碑记之。

由此，这龙凤石便成了武陵山脉景观工程的点睛之笔，也成了这武陵山脉景观的灵魂。

这下可好，凤凰山下龙凤相约齐聚，无异于天降祥瑞，一派祥和之气，这种奇观，在园林景观史上真的是史无前例！乔书领真是幸运！

如果有游客到此一游，认真看一看凤凰山景观与大自然天衣无缝、浑然一体的自然融合，一定会为这种鬼斧神工的造物能力而惊叹不已。如果是一位知情者置身此地，必然会想到那些景观建造者们的伟大和神奇!

乔书领终于把这个工程给它干下来了，他自豪地说：“这是我在园林行业中最大的一个成功。”

从2010年开始，乔书领在武陵山脉景观工程整整干了3年时间，现在还处在验收、审计阶段，还压着2000多万元的资金收不回来。他十分感慨地说：“你想想，作为一个民营企业，人家压你2000万元，你的感觉是什么？唉，走不动了……”

事实确实如此。工程完工后，工人开着面包车要往回走，大家去催款，但收效甚微。时至今日，工地那里还有一帮人等着消息。

“不过，地方政府财政也紧张，政府工程也没钱。我之前是干房地产，后来觉得房地产的钱不好要，特别是蓬莱项目根本结不了款，那就改做政府项目吧，这就做了政府项目，没想到又给套上了。”他说到这里，脸上显出一丝的无奈。

乔书领自从入得这一行以来，先后做了不少具有社会性质和公益性质的著名工程，虽然挣钱不多，有些甚至还得自掏腰包，但他的利国利民之举却挣来了“吆喝”，在社会上特别是行业内造成的影响实在不小，提起园林绿化，对这行业稍有了解的人几乎无人不晓得“乔书领”这个名字。

他确实也是这样一个人，从来要求“正心先正己”，如果自己心歪了，光看着钱，为了钱不惜任何代价，这样的人生有什么意义？他所有的工程业务从不算经济帐，虽然挣钱不多，但名气很大。他还是那个态度：值!

第七章

邓小平逝世，在家为邓小平设灵堂

“没有邓小平，没有改革开放，就没有我乔书领的今天”

乔书领是伴随着改革开放从贫穷的农村走出来的成功人士，邓小平在乔书领的心目中，一直占据着无可替代的神圣地位。

他经历过农民因为缺吃少穿受过的苦，也曾经亲眼目睹了“十年动乱”。由于有了邓小平的改革开放，中国人多少年来都没有解决了的温饱问题，竟然在邓小平的“手中”实现了，乔书领也终于可以海阔凭鱼跃，天高任鸟飞了。他心里那个痛快，“现在改革开放了，啥都可以干了，我始终保持着创业的心态，不断地进行自我反省、自我加压、自我解剖，通过自我更新，实现脱胎换骨。同样的天，同样的地，有了不同的理论，中国人也就有了不同的命运，值得反思呀。”

改革开放让中国人富起来了，也让乔书领富起来了，富起来的他体会出改革开放的重大意义，但没有“好了伤疤忘了痛”，而是对改革开放始终怀有一种朴素但非常深刻的报恩之情。有言道：“没有对比就没有鉴别，经历中国前 30 年的风风雨雨，又经历了改革开放，体验了冰火两重天的滋味，孰优孰劣，不辩自明。”

他非常坚定地说："没有邓小平，就没有改革开放，就没有我乔书领的今天。"

“我的成功离不开各级党委和政府的支持”

乔书领在事业上能够发展壮大，与各级党委和政府的大力支持有密切的关系，他也深知其中的道理，从始至终都要求自己主动向各级党委和政府靠拢，积极寻求各方面的支持和帮助。

早在乔书领从事养猪、养鸡的改革开放初期，那时候社会上流行的还是专业户和重点户，他的创业故事就曾经感动了不少人，也引起了各级部门的高度关注。他就利用这种时机，与各级共青团组织取得了联系。例如：养猪的时候向乡党委书记借款，养鸡失败后去北京找项目之前，先找邢台地区找到共青团组织，然后又到北京，再找共青团中央，都得到了非常及时到位的肯定和支持。在事业步入正轨之后，在一些重要的转折时期，都可以看到各级党委和政府的身影。

同时，乔书领长期以来由于受到各种正面宣传的激励和鼓舞，使他更懂得了品牌和形象的重要性。为此，他一直与各级新闻媒体保持着良好的关系，使得自己的企业一直能够以正面形象示人。这对提升企业的市场竞争力具有十分重要的作用。总体来说，乔书领精心培养的这张巨大的公共关系网，是事业得以快速发展的坚实基础和走向成功的重要前提和保证。

乔书领 1983 年刚刚成为万元户时，就受到县级领导的重视，县里面一旦召开有关会议，常常邀请他参会交流。他也自感义不容辞，在大会上总是毫无保留地向人们传授自己的致富经验。

有一次，是一个县里面的三级干部会议，领导专门安排他上台做了报告。

当时有一位村党支部书记，因为长时间听别人站在台上讲那些索然无味的长篇大论，不知不觉间睡着了。乔书领上台之后，一通激情澎湃的演讲，一下子将这位村干部给惊醒了。

这位睡眼惺松的村干部睁眼一看，台上竟是一个“黄毛小子”，开始还有点不耐烦，后来一听人家说的字字掷地有声，句句合情合理，前后逻辑清楚，整篇观点鲜明，不由得心头一紧，睡意全无，坐直了身板，开始聚精会神地听起乔书领的演讲来。

会后，当乔书领准备回家的时候，这位村干部从后面快步追了上来，主动与他攀谈：“小乔呀，你太厉害了！你小子刚开始做报告的时候我正睡着呢，后来你把我惊醒了，当时被你吓了我一哆嗦。不过说实话，我还真地爱听你的报告。”

他一听，没想到竟然会把对方“吓到”了，也不由地开怀大笑起来。

受到这次演讲成功的极大鼓舞，乔书领更加积极地参加各种组织活动，主动表达自己的观点，并毫不怜吝地向大家作报告、讲经验、传授致富经。慢慢的，他的名字在当地已经成为科技致富的代名词，对推动改革开放贡献了自己的力量。

乔书领在公共关系方面的超常发挥，换来了各级党团组织和各级政府的信任。乔书领代表河北省参加第五届和第六届花博会，是他与政府合作关系中的两个巅峰时刻。通过这两次几乎完美的合作，不但提升了自己的专业水平，更重要的是提升了他在政商两界的良好声誉，培养了自己的软实力，锤炼了政治上的敏感度。反过来，也收获了无数的荣誉和财富。

“这么多年以来，个人也好，公司也罢，所有的成长都离不开中央领导和各级政府的关怀、支持与肯定。”这是乔书领一直挂在嘴上的大实话。这期间，很多领导曾经多次过问和指导乔书领的绿化工作，对他的事业发展产生过极大的影响。

乔书领的故事告诉人们，一个人想要走向成功，必须得时时刻刻保持与各级党委和政府的良好关系，将国家利益置于个人利益之上，才能收获财富，体现出宝贵的人生价值。

给邓小平写信：只要有精神，三大差别就不存在

乔书领位卑未敢忘忧国，从未放弃对天下大事、国计民生的关注、思考和参与。他希望自己的声音能够传到最高领导人的耳中，希望能为国家建设建言献策。为此，他给改革开放和现代化建设的总设计师邓小平写过信，对江泽民的“三个代表”发表过看法，给胡锦涛提过建议，至今还在自己的日记中与新一届领导人习近平交心。

上世纪 80 年代中期，乔书领以一个中国改革开放成功者和获益者的身份给邓小平写过一封信。这是他在思想领域进行独立思考的结果，也可以说是对中国社会的一个总结。信中专门对中国社会长期存在的“三大差别”阐述了个人见解。

当时确实有关于“三大差别”的提法，具体内容是指“工农差别、城乡差别、脑体差别”，民间则有“一有权，二有钱，三有听诊器，四有方向盘”的说法，是指社会几大热门职业。

乔书领从来不认为“三大差别”会“框住我、压住我，因为我不相信他，问题是看你的能力和付出”。也就是说，当历史机遇来临的时候，唯有善于把握机遇者，才能最终走向成功，只要精神足够强大，

就能超越“起点不公”和“机会不均等”，就会战胜三大差别。

乔书领向邓小平写信论述“三大差别”，体现的是年轻人的一种激情，这种激情是改革开放必不可少的内在动力和正能量，所以他的上书得到了相关单位的回复。

那一天，在家里听到大队部的高音喇叭突然喊：“乔书领，到大队部拿信来！”当时与外部世界联系尚不太多的乔书领竟有些不安，他明白，这是组织上已经收到信并回复了。

他赶快跑到大队部，拿着这封当时非常有档次的寄自“中央信访办”的挂号信，好一阵子翻来覆去地观察和端详。

当有人催促他在回执条上签字盖戳的时候，手明显有点不听使唤，心里也扑通扑通地跳个不停。他努力让自己平静下来，很郑重其事地写上了名字，盖了印章。

乔书领拿着这封对自己而言最高级别的挂号信回到家中，在一阵阵的激动中拆开了信皮，又是一次次翻来覆去地端详和观察，但发现里面还是自己写的那张信纸和熟悉的字体，似乎并没有新的回复内容。他有些纳闷：“怎么没有具体的意见和批复，也没有圈阅与评点，就这样原封不动地返送回来了呢？”

实际上，中央级办事机关还是很负责任的，一般像这种大众来信只要收到，一定要以政府公文信函给予回复。最起码，也要像这封信这样，盖上相关单位的公章，表示信已收到，领导已经关注之类，是为对人们关心国家大事的一种安慰和认同。

经过一番思考和领悟之后，乔书领似乎明白了中央领导于日理万机之中，能够回复自己一介农夫的回信，已实属不易，已经证明了党和政府对自己的关心和支持，所以由衷地心生感激。

这当然也是一次极其重要的事件，正是受此影响，给组织写信、向组织交心，才慢慢成为乔书领的一个生活习惯和事业成功的又一个内因。

邓小平逝世：在家为邓小平设灵堂

1997年2月19日，本来是春节的欢乐喜庆气氛正浓的时候，但改革开放的总设计师邓小平同志因患帕金森病晚期并发肺部感染，于当天21时零8分在北京逝世，享年93岁。

全国人民一下子从欢乐的节日气氛中跌落谷底，瞬间沉浸于无比的悲痛之中，举国同悲，天地共泣。在得知这一不幸噩耗之后，乔书领简直不敢相信自己的耳朵，他一下子惊呆了……

3月2日，邓小平同志的骨灰撒在了祖国浩瀚的大海之中，邓小平同志迈着他那从容不迫的脚步，永远地走了，不留下一丝遗憾……

那时候，乔书领已经在北京从事蓬莱别墅绿化工程，但他的家还在石家庄卓达别墅，为了照顾业务，经常在京石两地跑来跑去。

邓小平逝世之后，乔书领在自己位于石家庄的家中为邓小平同志设了灵堂，然后对工人们说："咱们今天要为邓小平逝世开这个追悼会，工资照开。如果说谁跟邓小平感情深厚的，都往这边站。"

干活的工人，还是以农民工居多，对邓小平的感情与乔书领是一样的，所以没有一个说不的，齐刷刷地全部到来了。

乔书领含着深情的热泪，在家里开了一个隆重的追悼会。然后，他按照中国传统的丧葬习俗，与家人和工人们一起连祭了三天。

在这三天中，他怀着无比真挚的敬意亲自为小平同志守灵，一日三祭奠，早晚两反思，茶饭不想，以泪洗面。整整三天三夜，乔书领用一种无可言状的最朴实的行动，向邓小平同志表达着自己的深切怀念和崇敬之情。

乔书领在日记中写道："作为河北省邢台市隆尧县千户乡狮子圪瘩村一位当代青年农民，我乔书领，虽然没有系统学习、研究过邓小平理论，但是，以自己的亲身实践、亲身经历与邓小平理论产生了深厚的感情。"

关于这件事情还有一段小插曲。在之前乔书领上新华书店去买邓小平遗像的时候，被一路专门采访的记者发现了，用镜头真切地记录下了这一动人之举。当记者问询这样做的动机和理由时，他首先对记者表达了自己对邓小平同志的缅怀之情，然后说想通过这个举动让小平同志听到自己的心声。如果不这样做，就对不起小平同志。

这些珍贵的影像，很快就在《新闻联播》上播出了。

乔书领看到以后心中稍有安慰：小平同志一定听到我说的话，看到我的一片真心了……

给胡锦涛总书记写信

2002年12月6日，刚刚履新的胡锦涛总书记顶风冒雪来到西柏坡，进行学习考察。

乔书领喜欢学习、思考，喜欢写日记，也喜欢写信交流，特别喜欢向各级领导写信，以表达个人的政治见解和思想动向。

他在2006年，多次给胡锦涛同志和党中央写信。这些信的主题有些与众不同，他表示说为了回报党和政府在改革开放30年来对自己的支持和关心，想义务邀领天安门广场的草坪绿化工作，以表达对党中央的拥护和热爱，为绿化祖国尽自己的一份绵薄之力。

当时，乔书领刚刚在成都花博会建成“柏坡情”景观，并获得了极大成功。受到西柏坡精神的启发和鼓舞，他在信中及时地向胡书记汇报了这个工作，表达了自己的思想认识。他还特别强调自己的农民身份，非常希望通过天安门草坪绿化这件事情，为广大的农民兄弟们争光。

这封信按照行政程序，后来被批转到了北京市园林局。园林局负责人随即给乔书领打电话，找他过来谈话，说：“信领导已经收悉。”

并对他这种积极向上的爱国情感进行了鼓励和表扬。

乔书领为天安门广场做绿化的愿望虽然后来并没有实现，但这件事情却对他树立对党和政府的信心起到了很大的作用。受此激励，他先后给胡书记写过好几封信。在此后的事业发展中，他会时不时地进行自我思考，并在内心深处主动向党组织汇报思想动向，在精神上与党和政府保持着高度的一致。

给十八大献礼内刊——与国家同命运

乔书领在个人文化知识和精神财富方面的自我求知能力，让他从一个普通的农村人慢慢成长为一个具有独立思维的成熟企业家。他在个人进步的同时，还将这些精神食粮分享与自己的公司员工。

为此，他在党的十六大后，就创办了公司的内部刊物。在定位上，这份刊物属于由上级党组织直接领导下的刊物，他的企业，是作为党在基层组织的协办单位。

创刊之后随着党的十七大、十八大的召开，他都紧紧跟随党的脚步，配合党的理念，通过公司内刊这个渠道，将党的声音传递给公司员工，让大家共同体味党和政府的政策脉搏。同时，也记录下了自己和公司的奋斗、成长故事，向社会传递着企业的形象。

这样一来， 乔书领的人生境界又在个人成功的基础之上大大提升了一大步，成为一个社会主义精神文明的传播者。

在党的十八大期间，作为献礼专刊，通过对改革开放历史的反思和总结，通过对国家财富不断积累的真实书写，详细讲述了改革开放

30 年的发展历程，描绘了中华民族不同凡响的家国命运和在党的领导下取得的巨大变化，让人明白与国家同呼吸、共命运的重要性。

公司自办内刊也有好些年了，乔书领对内刊的内容质量和政治方向十分重视，对每一期的主题、风格和方向都要亲自过问，严格把关。这很有点他从事绿化工程施工时对工程质量严格管理的味道了。想想其实丝毫不值得奇怪，因为他对任何事情都是这样，总是要求体现出最好的一面来。在关系到党和政府与企业进行心灵沟通的大是大非上，他更是毫不含糊他要求与国家永远保持高度一致。

与习总书记心灵对话

2013年年底，乔书领将自己多年来的所思所想进行了一个系统的总结，并以心灵对话的方式，在日记中与习近平总书记进行了全面深入的思想交流。

乔书领是一个非常老实的人，他至今还保持着上世纪六七十年代一个普通农民对领导人的那种认识和感情。但之所以在日记中以一个普通国民的身份与习近平总书记进行心灵对话，一方面是为了摸准中央的政策思路，使自己的行为与中央步调一致；另一方面也是为了自我提升和表达生命中的正能量。他觉得："在这个过程中，可以体会到自己与总书记之间有一种深厚的个人感情，从中会发现生活和人生如此美妙，富有一股浓浓的诗情画意和文化神韵，细细品味下来，越想越令人陶醉，越想越幸福，越想越高兴。总之，这是人生最幸福的事情。"

乔书领的一个认识是：忘记了过去就意味着背叛。

由于近年来党的各级组织中出现了一些不思进取的消极作风，其中还有少数领导干部和民众忘记了艰苦奋斗的革命传统，沉迷于贪图享乐，道德下滑。这无疑是一个非常严重的社会隐患，所以当务之急是要重新建立起忧患意识。习近平曾以“温水煮青蛙”的故事作比，温水煮青蛙，不知不觉就死去了。一个人如此，一个政党也同样如此，条件变好了，信念就会慢慢丧失。如果不能自己觉醒，作为一个党，那谁还能够叫醒你呢?

这话真是说到了乔书领的心窝子里。他深有感触地说：“任何朝代的政权更迭无一不是生于忧患，死于安乐，所以习总书记一上任就出台‘八项规定’，大力开展‘群众路线教育实践活动’，继续保持‘进京赶考’的优良作风，一下子把这个吃喝玩乐‘杀’得落花流水。杀的好啊！要不杀的话我们就亡国了。”

现在，乔书领再次将发展的眼光转到自己熟悉的农业领域，对中国的粮食安全和人民身体健康提出自己的忧虑：“遍及全国的空气雾霾，水污染、土地污染和重金属污染等，到底污染程度有多么大？不知道！中国人的健康水平到底如何？不知道！中国的农业已经走到非常危险的地步，到底是什么程度？不知道！”为此，他非常迫切地希望借着“京津冀一体化”的大好时机，积极参与到河北省的大气污污染治理工作中来，为河北、为家乡贡献一点绵薄之力。

从大饥荒年代走过来的乔书领，对饥饿的体验是真实而切肤的，他的担心也是有道理的。他说：“我国的小麦、玉米、大豆都是被人家控制，一旦发生自然灾害，你有钱他也不卖给你了，有钱有什么用啊?还用打你？不用一枪一炮就内乱。‘手中有粮，心中不慌’这是真话。”

乔书领为什么要在提出“美丽乡村”设想的同时，关注更大领域的“三农”问题？因为这是中国最大也是最现实的一个问题。中华民族的伟大复兴，实际上就要看农民的复兴，这确实是中国社会问题的穴点。

众所周知，中国在繁荣的表象下仍然掩盖着许许多多农业文明时代遗留下来的过时事物，其中包括户籍制度对生产力的制约，生产力水平的高低落差巨大，城乡发展不平衡，对农业思维的习惯性依赖，对“三农”的过份压制，等等。乔书领强调：“把这些利害关系讲透了，高度就提上去了。这好像是大话一样，其实是大实话。”

通过自己的思考实现与习近平总书记的心灵对话，以此实现自己作为一个公民的责任和义务，“这就是生命的正能量”。乔书领认为，自己这种独立的思考是一个正确的选择，因为思考是人生最基本的权利，也是人生最大的幸福。

他十分兴奋地总结了自己的心境：“当你找到这种感觉的时候，就是找到了文化和灵魂。这种感觉太美妙了，它让我们的生活富有诗义。当你享受这种感觉的时候，这就叫心语。生活的富有诗情画意的人是幸福和快乐的。特别是当你能够感念家国天下之时，你所体现出的，就是一颗无私的赤诚之心！”

乔书领不但有深入的思考，而且还有具体的行动。

在此前建造“柏坡情”景观的时候，对西柏坡革命老区油然而生一种难以舍弃的深厚情感。他在设计景观要素的过程中，想到了历史兴衰，想到了王朝的更迭，想到了艰苦奋斗的革命传统，想到了当前中国的道德困境，最后想到以“柏坡情”为起点，在党的基层组织普及建立红色革命园林的宏伟目标。

乔书领最近一次写信，是在2006年习近平同志担任中央党校校长期间。他给习近平提出了一个党校园林改造建议，认为“柏坡情”这个实体景观最好要扎根在各级党校里面，以此对各级党员进行作风建设和爱党教育。为此，他根据河北省西柏坡这个红色革命圣地各方面的条件和优势，设计了一个具体的落实方案。

从园林艺术本身而言，乔书领给习近平同志提出这个建议是非常合理的。首先在园林方面，中国素有“世界园林之母”的美誉，在全国举办的花博会，体现的正是中国园林强国的地位和实力，在技术上非常成熟。其次，如果能够让人民生活在花的世界和花的海洋中，使人民的精神生活变得丰富多彩，在欣赏园林艺术之美、享受了快乐的同时，于欢笑声中接受爱国主义教育，重温艰苦奋斗的优良传统，可谓是一箭双雕。这就为人们提供了一种喜闻乐见的道德教育方式，寓教于乐，实现了落地有声，其意义必将十分重大。

改革开放史的一例注释

机遇，是可遇而不可求的。在乔书领的生命中，可以分为前后两个截然不同的人生阶段，中间有一个明显的分水岭，这个点就是改革开放，也正好是他从学校开始走向社会的起点。前一个阶段，从出生到整个学生时代，充满了悲情、压抑和改变的梦想，但一直无可奈何；后一阶段，随着改革开放伟大事业的全面展开，乔书领成长为新一代中国农民企业家。

显而易见，乔书领与历史巧合了。当他刚刚从懵懂和迷茫的学生时代步入社会的大课堂，马上就加入了改革开放的时代洪流，积攒了很久、很多的梦想和抱负，终于可以在这个伟大的时代尽情地施展和绽放了，这就是机遇。他，就是那个成功把握了机遇的人！

因为改革开放，乔书领有了自由迁徙和自由择业的权利，有了寻找、追求自己喜欢的生活方式和人生目标的可能，得以摆脱世代务农的命运。

因为改革的持续深入，乔书领有了可以利用出身农民的优势，凭借农民的朴实和勤劳，干起了加工和养殖，当起了被当时少数人看不起但却代表着改革精神的个体户，并一举成为当地的首个万元户和科技致富的模范人物。

因为商业改革的启动，乔书领能够从作坊式养殖个体户再次升级，成功寻得草坪种植技术，并开始以种植草坪来参与中国刚刚兴起的城市建设，也因此成为“中国种草第一人”。

因为工业产业改革全方位铺开，工业建设也掀起了一波波新高潮，乔书领的草坪绿化也成功地进入了新兴工厂和矿山。

再往后，因为城市基础建设大规模展开，使得乔书领的草坪绿化开始向更加高端的城市园林建设成功升级，为城市生活增添了一处处新的色彩，也为乔书领留下了一个个值得回味的创业故事。

随着事业的逐步发展和经营理念的逐步完善，乔书领也将事业重心从农村到县城再到省城，一步一步地进行着同步的提升，直到走向他梦寐以求的首都北京！

乔书领的身上，始终清清楚楚地映射着改革开放波澜壮阔的历史，他的故事，完美彰显了改革开放的伟大精神和深刻内涵。

创业难。乔书领是一位朴实勤奋的创业者，不论是最早的个体户时代还是后来的企业化经营时代，但凡条件允许，他一定会亲临工作现场指导工作，并出于对劳动者的崇敬，他往往会与工人们一起干活，同吃同住。

守业更难。乔书领是一位成功的事业坚守者，没有忘本的他，也不希望别人忘本。“生于忧患，死于安乐”，是他使用频率最高的一句话，说明他不但对自身处于事业辉煌时期具有冷静和高远的认知，也透露出他对国家前途、民族命运的关心和思考。站在国家和民族的高度，将国运、家运和自身命运有机结合，就会悟到常人难得的心灵境界，就会获得意想不到的成功。

乔书领总结成功之道时，他说：“真正境界高的商人不只是多挣钱，不只是看着眼皮子底下的这一点钱，而是要把这个事真正想到国家的高度，国家的事情就是我的事，人民的需求就是我的需求。这就是天道，就是顺势而为，有了这个法宝，企业想不挣钱都难。”

确实如此。一个成功的中国商人，必须随时了解政策的各种变化，观察国家需要什么，从中寻找适合企业自身发展的契机，这样就等于找到了成功的钥匙。有了这个“高度”之后，商机也就出现了。乔书领用一句话作了概括：“站得越高，看得越远，境界越高，挣钱越多，越容易。”

第八章

带着儿子和十吨物资上抗洪前线

带着儿子和十吨物资上抗洪前线慰问

乔书领幼年时曾经历过1963年的邢台大洪水，对于洪水的破坏力和可怕程度有着朦胧的感受与认知，长大后又从长辈的述说中得知了灾难过后各级政府和各地人民给予灾区人民的无私援助，才使得自己和乡亲们的生命财产得到了最大程度的保护。这些零星的记忆片断随着年龄的增长，在他的脑海中慢慢形成了一个完整的军民齐心协力抗灾的拼图。

此后，他一直怀着一颗报恩的心，念念不忘寻找着一切可能的机会来报答党和政府以及全国各地同胞的相救之恩。到上世纪末中国长江流域暴发“百年不遇”的大洪水时，他带着自己只有7岁的儿子和一卡车的慰问物资，亲自走上抗洪前线，就是他自然萌生的一种报恩行为。

1998年6月，长江流域一反常态连续出现了12次降雨过程，暴雨、大暴雨、特大暴雨接连不断，强度大，范围广，历时长，江水猛涨，共出现了8次洪峰，迫使沿江各省处于高度警戒状态。

7 月 24 日，第三次洪峰过后不久，许多民垸破损决口，洪水滔滔而下注入长江干流，干流水位暴涨。大堤到处在翻砂、管涌，一股股黑水喷将出来，江面则显得更加宽阔浩渺，一望无际……

种种迹象表明，长江已经危险到了极点，如果主干堤溃决，后果将不堪设想。

乔书领得知消息后，立刻想到在 1963 年邢台发生大洪水时全国人民的全力支持:“今天，自己作为一个邢台人，作为一个改革开放受益者，眼看着灾区人民受苦受难的情景，出于良心，责无旁贷地应该主动到灾区进行慰问。”此后接连几天吃不香、睡不安，紧张地思考着如何向灾区伸出援手的问题。

他甚至想到，如果要去慰问的话，不应该仅仅是个人的事情，应该带着自己那位刚刚七岁的儿子，让他一起去感受一下抗洪现场的感人情景，亲身体味一下知恩图报的真实内涵，给他一个在学校书本上根本学不到的东西。这对儿子在经济社会和物欲横流的环境中树立正确的人生观和价值观，长大后成为一个对国家对社会有用的人，将具有非常重大的意义。

当然，这个想法对于只有七岁的儿子来说，具有很大的冒险性。所以当乔书领到河北省民政厅开证明信的时候，工作人员都不同意，大家建议可以重新选择一个相对安全和稳妥的方式去慰问灾区军民。

不过对乔书领而言，这个决定虽然有些冒失，但也是经过深思熟虑的。他最终坚持了自己的方案，并着手进行准备工作。

考虑到那么多官兵和群众老在水里泡着，很容易得各种疾病，而大蒜是可以消毒和解毒的，应该准备；蔬菜更是每日必需，所以也要准备；毛巾，也是救灾时必不可少的物品，也要准备一些；然后，准备了一辆齐头东风车，还做了很大一块红色横幅，上书“河北农民乔书领，向战斗在长江抗洪第一线的子弟兵致敬！”

万事俱备，只等择日出发了。

8月7日，建成不久的长江九江大堤由于质量问题，不堪洪水重负而大面积决口。如此一来，中国经济最发达、最富庶的长江下游和三角洲地区，将受到前所未有的威胁。时任国务院总理朱镕基心急如焚地赶到九江大堤现场，站在大堤上指挥抗洪并发表了讲话，他严厉批评了“豆腐渣工程”的建造者，讲到激动处大骂“这是王八蛋工程”。这一场景让在场的每一个人都深受震撼。

经过紧张抢修，8月12日九江堵口成功。

同一天，长江又迎来了第五次洪峰，位于湖北的黄金大垸和湖南的安造垸先后垮掉，滚滚洪水四面出击，致使几十万人受灾，财产损失无数。

与此同时，在几次洪峰的不断冲击下，洪湖大堤告急、监利大堤告急、武昌江堤也告急，整个长江中下游江防重地处处告急，人民生命财产再次危在旦夕！就在这个万分危急的关头，长江水利委员会在人力、财力、物资、车辆等各方面做好了抢险的一切准备工作，全国各路救援大军也浩浩荡荡地开赴灾区。

乔书领在车前脸悬挂好了那块红色横幅，带着刚刚懂事的儿子，一起坐上了装有6吨冬瓜、1吨大蒜和儿子、女儿捐赠的100条毛巾等总共大约6吨多慰问物资的东风大卡车，随着各路救援大军，顶着夏日的高温，冒生命危险，从河北家乡直奔武汉和汉川市抗洪救灾前线！

乔书领父子到达抗洪现场时，只见岸下洪水滔滔，岸上群情激昂，口号声响彻天空！马上联系人员，上缴物品，然后投入到救灾大潮中去。

中央电视台《焦点访谈》栏目记者发现了自发而来的乔书领，对他说：“你也别走了，等着江泽民总书记下午来了以后，到时我们要采访你。”他满口答应，随后来到长江抗洪第一线给武警官兵做报告：“我这次就是来向解放军学习的，唯有咱们伟大的中国人民解放军是当代最可爱的人。不但我学，我还带了我儿子来学。”然后他把儿子拉到前面来，向在场的官兵敬礼。

广大官兵面对如此动人场面，自发地爆发出一阵阵震耳欲聋的掌声。

在这一天的下午，江泽民总书记亲临抗洪第一线，登上荆江大堤、洪湖大堤，来到武汉龙王庙、月亮湾等险段救灾现场，指挥抢险、慰问军民，发出了决战决胜的总动员令！

9 月 25 日，长江中下游水位终于全线回落至警戒水位以下，一场声势浩大的全民抗洪战役，终于以全面胜利而告终。1998 年抗洪的胜利，体现出中国人民足够的智慧、胆略和气魄。

出于乔书领在这次救灾工作中的突出表现，中央电视台的《东方时空》栏目专门对他的事迹进行了详细报道。邢台市委书记得知他的事迹后，也特意打来电话，表达了邢台人民的敬意并致谢。

乔书领通过这一次的亲身经历，得到了更多的心灵收获和精神回报，从中体味到国家命运和个人命运之间的相互支撑关系，特别是让儿子从小就建立了一种家国天下的宏大眼光，养成了“先大家，后小家”的高远胸怀。

他的壮举不仅激励了跟洪水搏斗的军民，也树立了良好的企业形象，并深深地影响和教育了幼小的子女。在国家有难的关键时刻，“中国种草第一人”再一次展示了自己的高尚人格和道德风采，使汗水浇铸的光辉业绩放射出更加辉煌夺目的光芒！

“您给湖北人民送来了精神”

乔书领在惊心动魄的抗洪前线分发救灾物资、慰劳抗洪官兵，根据灾区实际情况进行了一系列的赈灾工作，连续几天下来，几乎没有得闲的时间，所到之处不惧艰险，不畏困难，受到了广大群众和官兵的高度赞扬和肯定，饱受洪涝灾害的襄樊人民对他更是敬重有加。

当他完成预定任务之后准备回家的时候，当地领导特别安排了一大桌子酒菜为他摆宴送行。

在宴席上，那位领导怀着十分感激的心情对他说：“你没来的时候，抗洪救灾、保卫大堤是头等大事；你来了，接待你是头等大事，因为你代表了全国人民对我们灾区的支援，你给湖北人民送来的不只是这些救援物资和慰问品，而是一种大灾大难面前不低头的抗争精神，你的这种精神让我们更加有信心战胜这场巨大的灾难。这个精神财富，是最为宝贵的，我们一定要把你的这种精神留下来！以后方便的时候，一定要多来看看灾区人民的灾后建设情况，给灾区人民以精神上的鼓励。”

一席话，让所有人都为之动容。

面对灾区人民的盛情款待和一份切切真情，看着他们不屈不挠的战斗意志，着实让乔书领感动不已。他说："湖北省各级政府的热情款待简直让我有些受宠若惊了，我觉得哪里是去赈灾，分明像是到亲朋好友家做客一样。从湖北人民这种乐观和坚强心态中，可以看出他们一定会在灾后重建工作过程中取得非常巨大的成就。"

事实证明，乔书领的判断是正确的。洪灾并没有压垮灾区人民，灾后不久，灾区的工作和生活就迅速恢复了正常状态。"长江经济带"依旧在引领着中国经济持续强劲地向纵深发展。

汶川地震：儿子带着赈灾物资去震区做义工

2008 年 5 月 12 日，四川省阿坝藏族羌族自治州汶川县映秀镇与漩口镇交界处发生强烈地震，震级里氏 8.0 级，地震波及大半个中国及亚洲多个国家和地区。地震造成了巨大的人员和财产损失，是中国自 1949 年以来破坏性最强、波及范围最大的一次地震，地震的强度、烈度都超过了 1976 年唐山大地震。

国家有难，人人有责。在来自全国和世界各地的民间救助大军中，有一个年轻矫健的身影在灾区行走奔忙，那就是乔书领尚在美国读高中的儿子——乔业腾。

当时正值暑假，当乔业腾听闻四川地震和同胞们正在受苦受难的消息时，那种深藏于内心深处的善良品质由内而外地自动转化成一种积极主动的悲天悯人之心。身在美国的他再也坐不住了！

紧接着，乔业腾就向乔书领提出要回国去汶川灾区赈灾："爸爸，我要到地震灾区去当志愿者……"

乔书领一听，不仅没有一般父母的护子情结，反而为儿子的成熟和自信感到高兴。他几乎没有思索，就毫不犹豫地满口答应了："好啊，我支持你！"而且一边说着话，还一边在心里享受着儿子的成长给自己带来的幸福感。儿子在七岁时就随自己去过长江抗洪前线，有过实际锻炼，经受了考验。多年来，自己一直注意对儿子进行言传身教，现在，终于让儿子受益并能独立地体现在行动上了……

后来有人问他，为什么会同意儿子在短暂的假期远赴灾区，他非常自豪地说："这是我们的传家宝嘛。"

乔书领为了支持儿子当志愿者，也将这个事情当成了自己的事情。儿子从美国回国后的第一天，乔书领就积极给儿子出主意、想方案。父子俩经过协商，决定在承担志愿者工作任务的基础上，还要根据乔家园林的特长和优势准备一些灾区进行灾后恢复必然要用到的草坪种子和花卉种子，另外还有少年儿童们所需的衣物。

方案确定之后，他们购买了大量的草籽、花籽和600件衣服。第二天，乔业腾立即风尘仆仆奔赴灾区。

去了以后，乔业腾很贴切地把握了中国文化的内核，注重于务实有效和低调朴实的行事风格，以使灾区人民得到最实惠的救助。他先将捐赠的草种、花种和衣服送到四川广元、青川等地之后，就去给灾区学校的同学们讲课，给小学生们分发衣物，积极参与其他的灾区赈灾事务，一连数天忙忙碌碌，风尘仆仆。

"天似穹庐星点灯，地为床铺水充食"，乔业腾不畏险情瘟疫，不分白天昼夜，全身心地投入到了救灾工作中去。除送去救灾物资之外，还为灾区人民带去了战胜灾难的信心和希望。

乔业腾的事迹传到了美国的未来商业领袖社团那里，经过与他本人的核实和确认之后，社团方面也大为惊喜，再三强调："你为美国未来商业领袖社团争光了！"

乔书领的儿子积极参加灾区赈灾，乔书领也接触到一些灾区重建的绿化工程。令他感动的是，以前干别的工程，工程款要都要不到手，但这些灾区重建工程，却是人家主动要求支付的。当时，省里负责的领导对下属部门说："你们为什么不给乔书领拨款啊，他那边的很多工程都不能继续了，现在眼看到年底了，怎么也得让他过个年吧？先拨 50 万元救救急！"

没想到人家这么大领导，也会因为自己的一点工程款亲自劳心挂意，乔书领那时感觉真是幸福在心口跳动："那可是省财政直接拨的款呀，人家对我就这么信任，就是因为我对党的感情和忠诚。干绿化工程这么多年了，还是头次遇到这么好的客户。"

他说这番话确实是由衷的，自己的所有工程业务都是公开透明的，"我这些事情都是能够放在桌面上和阳光底下晒的，我的财富全是公平交易所得的。"

这就是一直为乔书领十分看重的一种财富形式：阳光财富，这种财富，是他通过无数次真诚的付出换来的回报，所以，这个结果让他很是得意和自豪。

第九章

乔书领从来都把人往好处想，受骗了，哈哈一笑

外债成就了我乔书领

自从上世纪 90 年代乔书领将事业发展的重心移到北京以后，城市基础设施建设已经全面展开，工程市场进一步扩大，绿化工程规模也同步增长,必然推动工程项目承包方在资金投放量上的大幅增长。也就是说，“项目越大，投入越多”。很多企业为了筹措维持正常的业务运转的资金缺口，不得不将目光转向民间资本，寻求短期资金拆借或民间融资。

其实乔书领在事业刚刚有所起色的 1987 年，就因为扩大业务所需，已经开始举借外债了。

那时的民间借贷市场尚不成体系，利率也不算高，一般才 3 ～ 4 个点的水平。据乔书领自己回忆，那一年自己的外债规模已达 55 万元，这在当时同等规模的企业中，借款数已经算是非常庞大的了。

虽然后来在北京八仙别墅工程后期通过“异货交换”得到了不少的房子，但还是因为同样的原因，他又不得不将这些现在看起来如同财富聚宝盆一样的固定财产出售，以换取现金用于资金流转。

这种民间举债方式似乎是无法中止的，在他列举的两大本债务协议中，有亲戚朋友和各个单位名列其中，最多的达到几百万元，最少的也有十几万元。其中有一位张参谋，是与他合作年份最久，合作关系最好的个人债主。

张参谋曾是石家庄陆军学院的干部，转业以后，政府给了他 30 万元的安家费。后来，与乔书领共同生活在石家庄卓达别墅，慢慢相识，来来往往，相处甚好。

在乔书领资金紧张时，找到他商量借款的事，张参谋答应借给乔书领 20 万元，每年利息 3 万多元，不还本，利滚利。

乔书领也满口答应，于是从 2000 年开始到 2012 年还清为止，多年下来，张参谋已经得到了 40 多万元的利息，远远超过了本金。

张参谋十分高兴能遇到乔书领这样守信用的借款人，他对乔书领说："我干了一辈子才得到 30 万，可我借给你的费用每年就是 3 万元，真是沾了你的光。"

乔书领长期从事民间借贷，自己总结了一条经验："用多了找银行，用急了找钱庄；长期低息走，短期高利贷。"

在借款与高利贷二者之间，也有一个明确的判断标准，其中如年底支付农民工工资、或是平时急于用钱进货进料的应急行为，月度拆借利率高达 20 个点左右时，就属高利贷；张参谋那笔长达十几年的年息 18% 的长期借款，就属于正常借贷。

值得庆幸的是，乔书领一直能够在民间借贷的道路上畅行无阻，而事业的成功，在很大程度上也得益于外债的"负激励"。所以他这样评价外债与成功的关系："我非常感谢负债经营，是这些外债缔造了我 。有了高利贷和外债，我更不敢让自己停下来，这些压力，都成为了我工作的动力。如果说没有外债，乔书领是什么样还是个未知数，能不能像今天走得这么正，心这么好，不一定呀。"

事实也确如乔书领所说，他从未因为自己挣了几百万元，就把这几百万元牢牢攒在手中，不思进取并“弄个小酒，弄个小菜，该吃的吃，该喝的喝，那样的话，就完蛋了。”恰恰乔书领不是这样想的，他说：“我借了外债，能发展我要发展，不能发展我也要发展，借了外债我更要追求大的发展。只有发展得好，才对得起那些善意的债主。”为此他常常暗自警醒：“你有外债，你有负债，向前走！你不干行吗？”“没有压力就没有动力”的励志名言，在乔书领身上再一次体现出来。

更重要的前提在于，因为乔书领天生怀有一个守信重义的心，他才能够正确理解和把握外债所要求于自己的责任和义务，也才能够化压力为动力；相反，如果他是一个性格不同的人，或许将会是另外一个结果。多年的民间借贷经历让乔书领十分感慨：“不能考虑赚钱不赚钱，因为这涉及到你做人的问题，心眼儿不能歪，不能斜，不能有任何非分之想。”

乔书领是这个时代少见的好人。为了对得起自己所背负的所有债务，他经过深思熟虑之后，特地立下了一条家训：不论未来发展景状如何变迁，后人们一定要将一切债务全部继承下来，以体现并传承乔家园林在企业文化和家族精神上恪守的原则。

外债如同一部有字的天书，一人一种解读，一人一种认识；外债也是一盆无形的清水，什么都可行，什么也都可能；外债也是一把双刃剑，用好了是成功，用不好就厄运临头。但无论如何，过程还是要靠自己把握。负债是一种经营模式，在美国的企业界很普遍，中国人最终接受了这个理念。现在，乔书领也认为：“外债并不是坏事，有外债不要怕，怕的是你还不起外债，那就难办了。”

虽然互惠互利的民间借贷行为从一般道理上讲是合情合理的，但因为没有法律的支持，往往只能打擦边球。受困于企业发展资金短缺的不少中小民营企业，对之是用之不甘，弃之不可，又爱又恨，爱恨交加。

实际上，求钱若渴的乔书领也沾了这种民间借贷的光，甚至直到今天，他仍然保有几百万元的外债总量。民间借贷仍然是银行贷款的有力补充，其中从八仙别墅的邻居那里借来的贷款，现在仍在使用当中。

民间借贷虽然“利高猛于虎”，但在这老虎吃人之前，还是给了那些有能力的人可以获利并完美抽身逃跑的机会。所以无异于一只有条件帮人的“善虎”，也客观上对中国民营经济发展作出了贡献。尽管如此，但这并不是乔书领想要的那种正常的市场行为，其不确定性是对正常经营的最大威胁。

乔书领希望拥有一个公平公正的市场经济身份和地位，同时也希望民间借贷市场能够走向规范化和正常化，甚至设想通过实践，自己摸索出一条可行的金融融资模式来。现在，他从多年的外债借贷经验中总结出一套实用思路，将目光慢慢转移到与金融专业相关的资本运作上来。金融经济，正在进入他的下一步公司战略规划。

“乔书领从来都把人往好处想，受骗了，哈哈一笑”

乔书领一般在与别人进行业务谈判的时候，首先会把服务承诺说到前面，并且是一步到位，直达底线。这种有些一竿子扎到底的服务理念，成为他最强有力的一个竞争手段，也是乔书领大智若愚的真实体现。天长日久，也慢慢形成了他承包绿化工程的模式和风格。“因为把这个话说在前面了，摆在那了，就必须做成功。”也就是说，这么多年的绿化工程做下来，到现在为止还没有不为之动心的客户，商业谈判还没有不成功的案例。

事分两面，这种模式也有“失败”的时候，但因为乔书领的条件几乎是无条件，所以绝不可能发生在前期谈判时，而是到了把草坪做好之后的结账之际，或是少付钱，或者有钱不想付，或是被坑。这方面的例子，在前文中已有提及。其实这种现象并不新鲜，在乔书领于上个世纪 90 年代初期做石家庄市栾城县制药厂的草坪项目时，就已经发生过了。

当时乔书领与制药厂谈业务，也选择了“先干活后付款+异货交换”方式。在工程施工过程中，对方一度曾主动提出要支付工程款，但他为了体现自己的业务风格和企业形象，虽然手头并不宽裕，还是坚持了以往的做事习惯，善意地拒绝了："我不要，我要那个没用。"

俗话说，过了这个村没了这个店，等到工程完工向客户要求结账时，制药厂的经营状况已今非昔比，处于倒闭的边缘。经理一反此前的大度，说："实在不好意思，现在业务不景气，我给不了您钱了。要不，我给你辆东风牌卡车抵账吧？不信的话，你可以到仓库看看。"

乔书领看了一圈，心头一凉：这明摆着等于是白干了，但他嘴仍然坚持着："我要那有什么用？"

过了一段时间，他又去要账，经理说："你看我当初给你东风车卡你不要，现在仓库连辆三轮车也没有了，厂子倒闭了……"

乔书领的活就这样白干。这一次损失大概有七八万元钱的样子，在当时确实不是个小数目。

后来有人曾经问过他："好多人都不给您钱了，怎么办？"

他听到这里，首先竖起了大拇指，然后说："这句话问到点子上了！要说被拖欠工程款不难过，那是瞎说。要说我总有办法解决，那更是不现实的。但是有一样东西不要忽略，当你经年累月地一直处于这样一种状态中，并且还能在这种状态下活下去的时候，不论你认识到没有，实际上你已经找到了解决的办法。对我而言，实在没有什么秘诀，如果非要总结出来，我认为无非就是四个字'自我消化'……"他的回答很令人吃惊！

吃一堑，长一智。为了避免此类现象再次发生，乔书领认真总结了经验教训，认为以后干活，不能带有盲目性，不能按老模式来干，必须有所创新。但这种改进只是技术性的，比如对方如果是主动支付定金的话，将不再硬推着不要，而应该顺水推舟，来者不拒。

当然，出于性格使然，此后一旦遇到一些过于非常热情友好的客户，他还是一如既往地不好意思，生怕辜负了客户，所以还会时不时地把假客气玩成真事实。

在历次干了活却难以讨到钱的经历中，以 2010 年开工的凤凰山景观项目为最，至今还压着 2000 多万元的陈年老账没法结清，创下了乔书领自从业以来被拖欠工程款数额之最的记录。“我对这个看得很淡。”话虽然说得很轻松，但个中滋味也只有自己去体味了。

不得不说，乔书领农民出身，当工人也多数是农民工，这种情况让他很难像别的老板那样拖欠农民工工资，而且他在给工人支付工资上往往更加积极和主动，生怕因为自己的原因让大家受了委屈。

每言及此，他总有些不甘心：“这么多年走过来，房价不断上涨，当时价值 180 万的房子，80 万元就卖了。假如搁到现在，一套房子就值 1000 多万元，但是没有办法，企业生存是第一要务，信誉更是生存之本，不想卖也得卖呀。如果真的手头资金够多的话，倒是肯定能够攒下很大一部分财富。”

“你的刀子快，我的脖子粗！这就是舍与得的哲学，为了成功必须舍弃一些东西。一切大不了从头再来！”乔书领的这种豁达和大度，颇有些曹孟德因败生兴的雅量。难怪这些年来乔书领将思考的重点转向了思想和哲学，更加注重于修身养性之道。

要说乔书领因此陷入经营困境纯属无稽之谈。他这么多年超乎常人的付出所换取的经济收益，可以完全抵消各种损失，而且还有相当大的收益空间。这部分正落差，就是他的事业盈余和财富积累。“挣来的总比丢失的多。”语言很朴实，但却昭示着一些深层原因。

乔书领在这种进与退、舍与得的纠结之中，事业也从小到大一步步地完善着，创新着，虽然有时看起来摇摇晃晃，但基本上走的还算顺利。所以，他还是能够一心一意坚持自己的经营特色。这也应是已经被无数事实证明了的“善有善报”吧。

“吃亏是福，‘聪明人’干不成大事业”

上个世纪 80 年代初，乔书领种草致富的信息传开了以后，有找他学习种草技术的，后来也有人跟着他学着外出跑市场。

到了上世纪 80 年代末，他的业务重心还没有迁到石家庄之前，跟风种草、卖草的人越来越多，开始与他抢夺市场业务，种草这个行业慢慢出现了一些竞争苗头。不过由于他起步较早，种植面积相对较大，草源供应充足，销售能力和市场模式也无人能及，所以短期内尚没有人能对他构成真正的威胁。

乔书领遇到的第一个算是“对手”的人，是任县的一个公社干部。

当时他正在进行邢台发电厂的种草工程，对手凭借自身的过硬关系找到发电厂管绿化的部门负责人，硬生生从乔书领手中抢走了一块业务，也学着他的样子开始做草坪了。

坦率地讲，种草这门技术看似简单，但既然是一门专业技术，毕竟还是需要一点基础的，想要入行的话也有一些门槛和要求，绝不是任何人拿起来就可以干的事情，要不然当初也不会有那么多人向乔书领去学艺。

这个公社干部既不是农民出身，也没有技术基础和行业经验，是个彻底的门外汉。但是，此人能说会道，精明能干，不论社会经验、社会关系，还是个人素质等方方面面，都明显比乔书领高出一个等级，潜在的竞争优势也非常明显。

在拿到电厂绿化的业务单子以后，他抓紧时间在报纸上和杂志上寻找、学习种草技术和行业知识，经过一段时间的熟悉，组织了一班人马，竟然也将这个活做了下来。

这位与乔书领一度形成竞争态势的公社干部，按说比乔书领关系多得多，也过硬得多，一度来势汹汹，但没有实现自身的超越，恰恰败在对个人背景的过度依赖上，除了在邢台发电厂和附近地方做了一点绿化工程，在本土之外并无多大建树，没能像乔书领那样走出来，更未能走进省城和京城，最终只是昙花一现，便再也没有什么大的动作了。

乔书领从这件事情上进行了分析和总结："一个人要真正成功干成事业，并不是看这个人聪明与不聪明。过于聪明的人，反而干不了大事业。为什么？因为他太聪明了，聪明反被聪明误。这些内容上升到理论高度，实际上就是一个人的精神、思想、心灵、灵魂的问题。"

简单如白纸的乔书领有一个特殊的嗜好：他尽量不与过度聪明的人或心术不正的人打交道！理由是，与这类人玩心眼一是不值得，二是太累。他有些调侃地举例说，这么多年来竟然连自己的电话号码也记不住，至于爱人的电话号码更是永远记不住，其他如身份证号那简直是一道密码天书，也是毫无印象，所以说"想法简单，不计小节"。

归根结底，"我就是努力做一个好人，图一个心正。其实不用你玩花的，不用你玩心术，能够保持正心正己就够你吃不完，花不光的了。你说是不是？"好人乔书领，以吃亏为福，可他这么多年来反而成功了，很值得聪明人们深思。

每天写日记：自省、正心、领悟

乔书领从小受传统文化的影响，性格内向但崇尚礼信。从小率性朴实，积极进取，待人宽而待己严，步入事业辉煌后，更加注重自我反思。

今天，乔书领肩上的担子虽然并未有所减轻，但总算可以有些闲暇时间来总结一下人生，思考一些问题。多年未曾实现的一些个人梦想和爱好，也终于得以有可能再次被摆上桌面，从头学起，并往往能因此“温故而知新”，从中获益良多。

写日记，是乔书领记录自己心灵成长和反思人生得失的必备手段和有效方法。这么多年来，已积累了五六个大黑皮本子，有的纸页已经发黄，颇显年头，有的则雪白崭新，如昨新添。日记内容以农民式的执着体验和实践总结，记录了乔书领的拼搏经历、人生观和事业观。

不妨在此摘录乔书领日记中的几条精华：

“今天的辉煌可能就是明天的灭亡，当今一夜就可能破产，水无常清，业无常兴，看问题一定要站得高，看得远，一定要再创业。”

“世界上只有想不到的事情，没有办不到的事情。世界上最伟大

的莫过于头脑思想。”

“小农经济感情管理的方式已经结束，要换脑换血，要敢想、奇想、梦想。”

“我的祖祖辈辈锄草，我种草，紧靠邓小平同志的改革开放政策，开创了史无前例的奇迹，成为全国第一位农民出售种草技术的人。经过 15 年艰苦奋斗的历程，建造了安宁优美的人生。”

“我深深知道，自己的命运是和祖国的命运联系在一起的，是团组织帮助我克服困难，是党引导我成就事业，能够做出一点点小小的回报，这是我的本分，更是我的光荣。”

1998 年，是乔书领人生和事业的转折时刻。为此，他咬破手指在本子上血书一行：一、指导思想；二、市场竞争对策；三、用人；四、发展战略；五、自身素质。

这一本本的人生账，或是乔书领的自我反思，或是他的工作计划、发展目标、经营策略，但多闪现着一个善于思想的人的智慧火花。

以前，乔书领写日记是因陋就简，力求简洁速成，求的是实用价值；现在，他改用最好的宣纸和软笔坚持写日记，则使实用性和艺术性兼顾，走了一条充满了诗情画意的高雅文化之道，求的是从精神层面得到升华。

如果没有重要工作安排，这项“修身”之道已渐渐成为他每天的固定作息内容之一。一张张白纸黑字，一片片书香墨宝，承载着他的精神和寄托，走向了梦想空间，融入了历史长河……

有着丰富实践经验的乔书领，通过习字过程能够明显感觉到中国书法对人性和君子之德的修塑之妙，重温每一篇用心写就的书法日记，都会激发他新的心灵感悟。他总是谦虚地说：“我的字写得不好，都是每天静心写一些自己的东西，用写字来跟自己聊天，作为一个精神的支柱。写上这是昨天的事，昨天我想到了什么，我悟到了什么。无非就是修身养性，进行自我心灵的对话。”

他非常精妙地用国画大师齐白石老人的名言“像我者死，学我者生”，来对包括书法在内的艺术形式进行诠释：“如果你只模仿他的画法，那就肯定死定了，只有理解了他的用心，方可得到齐氏真谛。”

乔书领早年喜欢《致富经》《人生智慧》和《名人名言录》一类的书报，从中了解天下大事，完善经营方略，充实人生智慧，把书本知识与周围事物相结合，举一反三，从中悟出道理来。“当自己想到了，弄明白了，这才是真正属于你自己，事业也就容易成功，这就不简单。”

在2010年参加了清华MBA总裁培训班之后，他学到了一些新的经济理论和管理思路，比如本来不懂“金融投资”的新经济概念，但在课程中经授课教授稍一提及，他的思维立刻就像一下子飞跃过一堵高墙一般，马上发现了墙外的许多新风景，原本僵化的思维像一层薄薄的窗户纸一样被捅破，随即产生了好多的创新灵感。

“师傅领进门，修行在个人”，实际上只有一个字——悟。因此，他能够轻易发现诸事皆存在的共性，通过学习可以实现触类旁通。

经营企业就是经营心灵

乔书领出身贫苦，改变人生境遇既是现实第一要务，也是事业和理想必然设定的不二目标。对他而言，如果不成功，不但对不起自己和自己的儿女，也无法面对最亲爱的妻子、敬爱的爹娘和列祖列宗。对不起的人，排列下来有一大串，让他感到："连死都不能死，活都没法活着，不想成功不叫人，不成功不是智慧人的人生，也不是一个成功的人所做的事。"

经过二、三十年的艰苦奋斗，让乔书领的个人能量、生命价值、社会价值得以彰显。在他的事业中一直坚持"一切顺势而为，必有天助我也"，在工作上殚心竭虑，步步升华，创新经营模式，不断整合社会资源，事业发展浑然天成。

在当前环境下最难能可贵的地方，是他始终非常完美地诠释着市场经济的契约精神，在经济来往和债务应对上，负债不论高息低息还是长借近贷，皆自认必须承担天然的借贷义务，总是想着怎样尽快将外债连本带息一并还上。正因如此，他对有些人视外债如无物，不想着偿还却以欠债为荣为乐，甚至相互攀比拖欠能力，想着如何继续欠更多债的骗子行为一直十分鄙视。

商人是趋利的，但君子爱财，取之有道。在刚刚接触高利贷时，他也曾想过涉足小额放贷业务，将其“巨大威力”化为己用，但在关键时刻，还是个人认知能力和道德修养发挥了作用：他清楚地看到这种商业利益天然存在的危害性和不可持续性，最终断然放弃了近在眼前的诱惑，继续从事自己的正业。

情感管理，是乔书领在企业管理上的一大特征，这与他本身就注重情感，有情有义的品格有关，也与企业成长发展的历史有关。在企业创始时期，不可能有完整的规章制度，情感就是凝聚人心的有力武器，亲情、乡情、友情、义气等，可以让一起干活的弟兄们同甘共苦，齐心协力。工人们将乔书领视为在外的靠山和托底的“救世主”，“乔老板这个人真好”的口碑，也就在工人中间流传开来了。

在努力工作的同时，最关键的还是“修心”，不论世事如何变化，但始终不能偏离了正确的人生航向，这就是“世界观和人生观”。乔书领说：“修心，心正，就是说在遇到不平事时，要有自我调整能力。”

乔书领“修心”有四重境界：**一重是几十年不改的朴素而真诚的常人之心，不论是高官显贵，还是下里巴人，皆可友善从之，一视同仁。**

二是宽宏大度的超然之心，不重钱财重声名，不看眼前看长远，“有人与我争利，我自哈哈一笑了之”，“是外债成就了我”。

三是天命人生的智慧之心，一切皆可为、可不为，道法自然，回归本我，随遇而安。

四是“心即是佛”的信仰之心，慈悲为怀，从善如流，以家国为念，以苍生为责，是为真生命。

有此“四心”，我们看到的不仅是一个朴实的乔书领，更是一个智慧的乔书领。

儿女很出息：教子之道也是为人之道

齐家之道，首在教育儿女之责。

从乔书领丰富的个人世界中不难看出，他其实非常期待能有一个属于自己的温暖家庭，但在他创业之前几乎穷得叮当响，人人唯恐避之不及，当然没人愿意给他介绍对象，而且说实话，就那样的生存现状，就算娶了也养不起。所以，他只能采取“先立业，再成家”的方法，直到 1988 年方才有条件成家。婚后育有一儿一女，女儿乔业兴，1989 年生人，属蛇；儿子乔业腾，1991 年生人，属羊。

乔书领是一个有梦想、有追求的人，人生的每一步都有一个提前的设计和规划，婚姻大事当然不可能例外。

在结婚之前的感情空白期，虽然还不能确定未来，但他并没有认为婚姻离自己会很遥远，而是怀着一种近在眼前的乐观态度，在心里积极描绘着未来家庭的幸福生活。

他当时就想好了儿女的名字，还有将来自己的孩子应该如何教育都已经成竹在胸。为了让自己享受这一种莫名的幸福和责任，他把想好的名字写在墙上，时不时默默地期待一番，想象一下。这种自我调理，也是他事业的动力之一。

子不教，父之过。所以一个家长想让自己的孩子成为什么样的人，你就必须先成为什么样的人，这就是以身作则。

乔书领想到这里，觉得光想象还不够，于是找来一块泰山石，将孩子的名字业腾和业兴刻在上面，同时刻下自己的几句寄托性话语，来表达自己的一个心愿。让石头能够说出话来，让石头能够显现它的灵性，将来给孩子们展现出像大海一样宽阔的心境和意念，让他们不仅要读万卷书，还要走万里路，让事业兴旺腾飞，走出中国，走向世界！

在他做这件事的时候，等于提前为孩子在思想和精神上注入了自己的灵魂和基因。不过这一切全是自己在工作之余悄悄完成的，因为他生怕传出去让别人笑话，再说自己是“精神病”。

这块石头的意义非常重大，作为传家宝之一，他一直给孩子们保存着，希望孩子们不要忘本，要有一颗慈悲的爱心和海一样的胸怀。

乔书领结婚不久，妻子怀孕了，“我要当爹爹了！”这毫无疑问是一个令人兴奋的消息。

当乔书领对家庭、妻子、儿女们的长久期盼终于变成现实的时候，他从得到消息的那天起，天天就像喝了蜂蜜一样，总是怀着一种由内而外的幸福感，小心翼翼地呵护着妻子的一举一动，挖空心思地想着怎样才能更好地对待小宝宝。

那时中国人还不懂什么叫作“胎教”，但他几乎是自然而然地天天要对着妻子肚子中的孩子诉说衷肠，进行心灵对话，全面实施自己发明的“胎教计划”。

说些什么呢？他双眼微微闭着，一只耳朵紧贴着妻子的肚皮，口中开始念念有词：“我的儿子，你将来以后是什么样呀？爸爸希望你将来成为一个非常了不起的人……”

乔书领就这样想到哪，说到哪，像在仙境中闲庭信步一样，通过心与心的交流，将自己的种种意念转递给那个微小的生命。

此后，一女一男，两个小生命一前一后出生了，乔书领开始身为人父。

他本来就很注重家庭生活的幸福和谐，从那时起，对刚刚降世的孩子进行细致入微的关爱，将成为生活中一项充满了快乐和趣味的崭新内容。儿子与乔书领的感情特别深，睡觉的时候总是喜欢跟爸爸在一个被窝，这个习惯甚至一直持续到十几岁以后。

乔书领一看这样下去不行，对儿子说：“你别跟我在一块儿了，你睡的时候打滚……”但儿子根本不同意，后来费了九牛二虎之力，才让他睡到自己的床上去。

时光如水，岁月如梭，随着孩子们慢慢成长，这时，孩子的教育已不再限于婴幼儿时期那种呵护式启蒙，一些与人生、理想、事业、价值观有关的内容不知不觉地成为了必修课。上学，已是一件必须认真对待的庄重而严肃的事情。

话说乔书领在1993年左右的时候，通过异货交换方式在石家庄卓达别墅得到了一套200多平米的房子，从此那里一直是家人和事业的根据地。自1994年进京，直到1997年在北京蓬莱别墅拥有了自己的房子之前，一家人是两地生活，他则是来回奔波。当1997年暑假孩子们一起来到北京，这才得以重新团聚。

为了在北京给孩子们找到一个好学校，乔书领几乎跑遍了所有的校门，哪个学校好，哪个学校在哪里，怎样走，全部留在了他的心底，最后找到的，是北京私立汇佳学校。

这是一所贵族学校，好多名人子女都在此就读，除了必修课之外，还教授英语、电脑、钢琴、游泳。而且地处中国教育基地的海淀区，教学基础雄厚，学习氛围良好；更重要的是创办人王家俊先生，原本是海淀区教育局的老局长，多年从事教育工作，经验丰富，在教育领域有广泛的社会资源，所以师资力量和周围环境这两个最重要的软硬实力皆属一流。

王家俊先生的个人经历，让乔书领特别佩服，就冲着这个人，他就决定不惜任何代价，把孩子送进汇佳学校就读。

这所学校收费奇高，每个孩子一入学，就要收费4万元，每年还要交2万元。他两个孩子，意味着一次就得交纳12万元，可当时家中没有这么多钱。为了能让儿女在这个理想的学校读书，乔书领也是拼了血本。

他和妻子商量，拿房产证到典当行先把房子押上，以解决这12万的燃眉之急。典当房子代价也是很大的，一是利息高，二是逾期不还，房子产权将易于他人，所以让妻子一度很是纠结。但经不住乔书领一番思想工作，最后还是同意了。

就这样，他的两个孩子全部进入了当时最好的学校，开始了各自的学生生涯。

国有国法，家有家规。

为了保证家庭生活井然有序和儿女的健康成长，在两个孩子年龄稍长，乔书领按照“以法治家”的思路，制订了乔氏家规。

家规中的条款订得比较细，在个人行为道德方面要求不抽烟、不喝酒、忠诚、守信等；在日常学习和生活上要求写日记，每周召开家庭交流会；在宏观层面要求树立远大理想，要积极为社会做贡献，等等。

有了家规这个“制度”，家庭生活也就有法可依，对孩子成长大有帮助。

中国社会逐渐开放以来，在新环境中成长起来的孩子们，思想认识一代比一代成熟，独立思考能力也越来越强，个性也比较突出。这是值得欣慰之处。比如儿子乔业腾在汇佳学校上学，因为学校的教育理念很新锐，他的思想也与众不同，从小就立志要作一个伟大的中国人，乔书领得知后很高兴："我儿子真好！"

因为生长时代截然不同，在乔书领与孩子两代人之间也难免出现代际鸿沟，甚至在行为上产生了一些冲突。

小孩子都有贪玩的天性，玩电子游戏，是这一代儿童成长中必不可少的生活内容。但儿子有一段时间玩得有点疯狂，让大人难免着急上火，而且怎么劝说也没效果，小家伙反而胸有成竹，对乔书领说："爸爸，我考一百分不就行了？我玩这个能学习成绩好……"

他当时一听，声色俱厉地批评儿子："简直是歪理邪说！"一看爸爸叫了真儿，儿子也一下子变成"乖乖虎"了。从此以后，就把儿子玩电子游戏的行为制止了。

乔书领的另一个创意，是建立了一个家庭档案馆，并且经过民主讨论程序，形成一个协议，让大家一致同意签字，将契约精神落到实处。

"乔家档案馆"的内容，就是将孩子们从上幼儿园、小学、初中、高中、大学和全部人生走过的每一步有意义的路，每一个行动，每一件事，每一句话，每一个想法和创意等，都要载入其中，装订造册，形成一个家庭档案。

这些内容，与乔书领保存的那块泰山石上面的精神相互呼应，互为表里，意趣十足。

每周召开的家庭交流会，是一种制度化了的民主生活会，会上要求所有家庭成员都要开诚布公地进行演说，尤其是一双儿女，一定要讲清楚这一周在想什么，在做什么，然后通过大人发言与孩子们进行交流和沟通，形成一种公众氛围，这显而易见对培养孩子们的演讲口才、树立家国意识和民主作风具有决定性意义。

后来，学校召开家长会，老师首先向他表达了自己的惊讶："你们家的孩子和别人家的孩子思想不一样，境界比较高呀。"

他听了心中十分高兴，暗地里自我称赞："看来，我教育孩子的理念和方式是成功的。"

众所周知，乔书领自己有写日记的良好习惯，所以当孩子们甫一拿起纸笔之时，他就将这一优良传统及时地传授给下一代，以家规的形式固定下来，要求孩子们每天以中英两种语言写日记，记录各自的学习、成长情况。

写日记，使儿女们从小养成了动手写作、进行自我反省的习惯，对促进智力发展和思想进步大有裨益。

但儿子乔业腾对长年累月每天坚持写日记有些迟疑，有时会产生一种本能的抗拒心理，而乔书领则毫不妥协，于是儿子就提出抗议，要求老爹"讲民主"。乔书领态度十分强硬，对儿子说："你写也得写，不写也得写，在这个问题不可妥协！"

儿子虽然没有反对，但保持着沉默……

乔书领将家规中的条款讲出来，问他还要不要做一个守信的人？自己签字同意的事情，为什么要反悔？

儿子闻言，觉得是自己对诺言的反悔，所以不再坚持己见。此后，就按照原先的约定，一直坚持写下去了。

乔业腾读小学四年级的时候，在一次以"幸福不忘共产党"为主题的家庭生日聚会上，写下了一篇"没有中国共产党就没有我们家的今天"的日记。整篇日记通过新旧中国的对比、通过叙述爸爸乔书领的创业奋斗故事，对改革开改政策进行了由衷的赞美和感激。这篇日记，后来还被刊登在《文艺副刊》上。

看得出来，在乔书领的悉心教导下，儿子一直在茁壮地成长着，思想境界已经远远超出了同龄人的水平。

等到孩子们懂事之后，他们都说了自己的真实感受：“爸爸，写日记不只是写，通过用中英两种语言的写作练习，我们的中文和英语水平都提高了，连老爸你写英语日记的水平也提高了！”

乔书领闻言大喜，说：“太好了。”他心想：教育孩子，在关键的时候要把握火候，不然的话，他的感情就跟你疏远了。

乔书领对教育子女还真是有自己的一套想法。

他认为：“要想孩子成功、伟大，就首先要贬低、矮化你自己，在孩子面前别逞英雄，只能说，你看爸爸多么多么不成，多么多么无能，多么多么坎坷，多么多么曲折，多么多么辛苦，只有贬低自己，才能激发儿子的上进心和超越自己的欲望，才能让他有担当。

另外，写日记也是反省自己的缺点的多，让儿子学会自我反省，这样儿子才能强大。

相反，如果你在儿子跟前自我吹嘘：“呦，你看爸爸是多么成功，就把孩子就压住了，他就会觉得自己望尘莫及，索性也不去争取了。”

在乔书领评上“十大杰出青年农民”的时候，妈妈在买菜的路上对儿子乔业腾说了一句话：“儿子，你看你爸爸评上十大杰出青年了。”

那时候他正上小学，谁曾想这孩子小小的年纪，竟没加思索就说出了一句喻意深刻的话：“那又怎么样……”

然后他又慢慢地说：“知道我爸爸的，他评上十大杰出青年了，不知道他的，还是不知道。您看人家江泽民总书记，全国谁都知道。”

妻子将这话转给乔书领，他一听：“嘿，这小子，还真是高。”所以他认为，要用自己的渺小来给孩子造成一个成长的空间，让他看不到尽头，但却永远存在一种希望。

儿子乔业腾继承了乔书领的很多优良基因，在他十几岁上初中的时候，就学着父亲给温家宝总理写了一封信。

信中主题，是说自己想利用现代的音乐，然后再配上中国的古典诗词，编成歌曲。特别是把古代关于道德教育的《三字经》《道德经》等文化经典编成歌曲，在学校的青少年中间流传起来，就会让大家了解学习中华民族的传统文化，不要再去追求这个“族”、那个“族”的所谓新潮。

乔业腾着重强调，现在的男孩子好多都是“娘娘腔”，没有一点男子汉气魄，所以非常需要改变。

事过不久，国务院“信访办”还真给回信了，里面夹了一份批示，对信中内容的评价非常高。

乔业腾在国内读完了初中，然后被乔书领安排到美国去读高中。

临走之前，他在家中录制了自己的“留美宣言”。在这份录音中，他用一种近乎诗一般的语言，向父母，向朋友，向自己的祖国，表达了一个有理想、有抱负的当代青年学子即将远赴异国他乡时的豪迈之情，让人们相信，身后这块生他养他的古老土地和勤劳朴实的人民，将会永远铭记在他的心间。中国，从此又多了一位引以为豪的海外赤子……

陌生的社会，陌生的人，一切都需要重新做起。

乔业腾刚到美国的时候，人生地不熟，同一班上的美国小孩一看乔业腾是亚洲人面孔，彼此在文化、语言、行为上有些隔阂，都不愿意坐在一块儿，于是有意无意地会受些歧视，短期内无法融入当地社会。

大洋这边的乔书领一直牵挂着远在海外的孩子，想到他年纪小，担心美国社会环境不好，让孩子变坏了，叫别人利用了，特别是孩子孑然一身，会不会感到孤独而产生自卑情绪？

为此，牵肠挂肚的乔书领，每天都要与儿子通话交流，千叮咛，万嘱咐，小到“儿子，雨天不要忘了带雨伞”，大到送他一句很有力度的鼓励性话语，向他灌输一种运筹帷幄，决胜千里的英雄主义气魄，让他在逆境中学到一种思想和人生境界。

这种形式，一直持续了近二十天时间，直到乔业腾的学习生活进入正常状态。

现在是网络信息时代，网络交流的便利，极大地拉近了人类天各一方时的心理距离，一些原来不可能的事物由此变得可能。乔书领在家中坚持了多年的家庭交流会，现在仍然能够每周在网上定期召开，并没有感到有什么不同之处。要说有区别，就是现在身在海外的儿子似乎越来越成熟。

最近一次开交流会的时候，乔书领先表达了自己的观点，然后问乔兴腾的想法，让他发表意见，但儿子不说对，也不说不对，只是说：“这个对不对，好与坏，我不参加评论。”给了一个中庸的态度。

乔书领当时有些奇怪加郁闷，就问：“你这是怎么回事？”

乔业腾说：“爸爸，我不是十几岁时候的我，我现在 20 多岁，是成年人了，你的思想是你的，我要有我的思想，咱俩的思想不一样，所以我不评论您。”

乔书领一听，心里“咯噔”一下子明白了，“孩子真的长大了，这是在给自己留面子呢。”

他想到了儿子的成长往事：要是在小时候，你怎么说我怎么听，再稍长，他有了自己的思考能力，听见后如果觉得不对，一定会及时地指出来，或是否定，或是修正，讲得非常全面到位。但现在可不一样了，人家要有自己的想法和见解，这本身就是成熟的表现。看起来，不同的年龄段还确实存在着不同的教育方式呢。

他由此又想起一件事情：现在，孩子们的日记写得比以前在国内的时候少多了，一是因为不在自己的跟前，二是都长大了，会因为其他事情影响没有坚持下来。

这件事，乔书领经过了再三考虑，认为应该让孩子们自己去做决定，他已经不想再去强迫已经长大成人的孩子了……

乔业腾不但在国内有种种突出表现，在美国也同样积极向上，努力进取。仅仅过了三个月，在熟悉了当地环境并融入当地社会之后，他通过竞选，担任了西顿中学的学生会主席。不久又当选美国未来商业领袖社团西顿中学分社的社长。

2008 年四川汶川地震灾后，乔业腾从灾区回到美国，积极向社会宣传中国地震灾区的见闻，以引起人们的关注，并向灾区伸出援手。

有一次，乔业腾参加美国加州中学生演讲比赛，他正好借此机会向听众详细介绍了中国受灾地区的情况，并向在场的企业家们提出自己的看法和建议：作为一个企业家，你们在追求利润的同时，更应该关注的是那些灾区的人！

乔业腾激情澎湃的演讲引起了现场听众的强烈反响，并受到美国社会的高度关注。他的出色表现，战胜了 95% 的美国中学生，获得了全加州的第一名！

乔业腾的种种先进事迹，刊登在“美国未来商业领袖社团”的杂志上，在整个社团圈子中，已经小有名气。

近些年来，生态环保问题一直是世界各国关注的重点。乔业腾在地震灾区赈灾期间，看到环境破坏非常严重，灾后生态治理工作异常艰难，所以当他在哈佛读大学预科班的时候，也很想为中国的环境治理工作贡献一份力量。

乔业腾与哈佛生态局的老教授在一块儿探讨有关生态治理的问题

时，老教授发现他勤奋好学的品质和爱国情怀之后十分感动，告诉了他一个信息："你到美国国土局去，那里有很多治理水土污染、空气污染等的经验。"

乔业腾按照老教授的指点，自己到美国国土局去调阅资料。

不得不承认，美国的公共信息管理还是非常公开和透明的，在乔业腾表明来意之后，管理人员向他提供了很多很多的资料，并同意让他带走。

他也为对方对自己的这种信任感到高兴，临走的时候，很自豪地说了一句话："我代表我的祖国谢谢你们。"

2012 年，乔业腾把美国国土局提供的英语资料翻译成中文，后来，他以一名生态环境治理志愿者的身份来到四川汶川，参加了地震灾后环境治理和重建工作，具体负责宣传生态治理和自然灾害预防咨询方面的事务，并将自己的环境治理意见和英文资料提供给相关单位，希望给当地人民带来帮助。

乔书领看着儿子如此有担当，有魄力，明显比自己更胜一筹，不由自主地说："这真是青出于蓝，却胜于蓝了。"

一位美国老师看着乔业腾的优良表现，曾对他说："要是美国孩子都像你一样就好了。"

乔书领还有一位贤惠孝顺的好女儿：乔业兴。

她从小眼看着爸爸妈妈挣钱的辛苦和艰难，说："爸爸，等我长大了不会像你这个样子，我一定要做到：想不挣钱都难。"

这小孩子的话让乔书领听后很是震撼。

女儿后来的成长与儿子一样，同样品学兼优。在她上初中、高中的时候，都曾经拿到过一两万元的奖学金，是北京市的"三好学生"，这对外地身份的学生来说，是极为罕见的。

她还继承了乔书领的哲学思辨能力，报考了哲学专业。

毕业后，不甘寂寞的女儿并没有按照传统进入父亲的公司中工作，而是先在社会上自己寻找工作机会，进行锻炼和阅历积累。有一次正好举办七五八科技艺术节，女儿主动去为活动担当翻译，一个小时就挣到一千多元钱。

不过，乔书领一直想着让女儿跟随自己身边，既安稳也相互有个支持。但女儿有自己的理想，心理上有些抗拒，他就找了一个合适的时间，与女儿谈心。

他说："女儿，爸爸妈妈费这么大的劲让你学习，你学了这么多，跟爸爸妈妈干吧。"

干了几个月，虽然一切按部就班，但女儿心里有委屈，觉得没有自己理想中的天地，就不愿意干了。

她这一辞职，又认为有些对不起爸爸，过了一段时间，自己偷着哭了一回，然后对爸爸说："爸爸，我还是愿意跟着你干……"

经过这一来一回，乔书领也明白了女儿的心思，自己也自认以前的家长制作风过重，对孩子的成长发展不利，还是要为她创造一个更大的人生空间，让她自己去拼搏。

他当时一口否定了女儿的意见："不行，你要想帮助爸爸，你不要在爸爸身边，你出息了，才能更好地帮助爸爸。就是说你更出色，爸爸更欣慰。"

女儿没有了心理负担，开始重新走向广阔的社会，寻找自己人生的目标去了。

在北京举办的一次活动中，女儿得了国际奖。再后来，美国大学到中国来招聘，女儿一去面试，出色的表现让对方立刻拍板："希望你马上来！"

乔书领对儿女的管教是软硬兼施，前面的父女交流表现了他慈祥的一面，但在女儿已经长大成人之际，他仍然严格按照家规要求孩子写日记，这让人看出他的严父本质。

他经常检查女儿的日记，但这一次女儿正面临考试，确实很忙，就没顾上写。她一看爸爸来检查了，赶忙解释说："爸爸，这两天特别忙，没有写……"

乔书领怒了："你已经20多岁了，可这做的是什么事？"

女儿知道自己错了，很惭愧地一直站在那里，很长时间一动不动微微哭泣。一旁的爱人见此一幕，对乔书领说："孩子这么大了，你怎么能这么做？"

乔书领并没有妥协，他还是按照惯例让女儿做了检查。

到了下午，乔书领却一改前辙，买了很多很多的小礼品，并亲手送给女儿手中。这个办法可真够厉害，父女俩顿时"一笑泯恩仇"！这样一来，父女俩之间的意见隔阂就非常友好地消除了。

乔书领悄悄地对妻子说："你就放心吧，这样一来，就等于是我有意识地严格要求了那么一下。以后不论女儿走在什么地方，做什么事，她都不能懈怠，都得用心去做。这是潜移默化的作用……"

从2013年10月开始，乔业兴正式在美国哥伦比亚大学全球研究中心亚洲办事处工作。按她自己设计的事业路线图，清楚地表明她的未来方向是到美国进修研究生，然后进入联合国工作。事情的发展还真如乔书领所预料的那样，女儿变得越来越成熟，越来越懂得体贴人了。

当前，每个月的工资收入实际上并不重要，只就她所接触的圈子里边的人际关系，如杨澜等，都是高端人士。看起来，女儿与乔书领一样喜欢结交出色的成功者，但表现出的档次，又明显不一样。

前不久，美国哥伦比亚大学、清华大学和中国发改委举办了一个与中国城镇化有关的论坛，女儿给乔书领也报了名，让他去参加，希望能接触一些高端精英，顺便也提升一下自己。事后他想：这件事情，已经在无形之中对自己提供了更大的帮助，确实比待在自己公司里要强得多。

女儿的学识、思想境界和社会圈子都已相当了得，在为人处事上也学得越来越有内涵。有的时候乔书领如果要训斥她一顿，女儿不但不跟他犟嘴，还"嘿嘿"一笑。

这一笑常常会让他有点丈二和尚摸不着头脑："你还笑什么？"她说："你是我爸爸嘛……"

乔书领一听，心中一股暖流涌上来，也情不自禁地笑了……

现在的乔书领似乎隐隐约约地感到自己与儿女们存在着一种距离，这种距离当然不是亲情的疏远，而是孩子们的快速成长让自己相对地落在了后面。最明显的是他在念叨自己的那些事迹、规划、理想，试图对儿女们重新发挥一些引导和教化作用时，孩子们没听完就说："爸爸，你不要念了，你找到的是你自己的人生，我们现在还要找我们自己的未来呀。"

毫无疑问，儿子和女儿能取得今天的成就，肯定算得上是乔书领一生最大的骄傲。

永远不改的朴实

乔书领始终能够保持一种特有的近乎固执和倔强的朴实品格，与他纯朴善良的农民天性存在着必然的关联。他能够始终坚守做人的良知，牢牢把握道德的底线，从来没有因为社会的种种名利诱惑而改变；他长期坚持“先干活，后付款”的经营模式，完全就是在凭借个人的道德品质进行商业经营。

在乔书领刚刚进入北京市场，参与蓬莱别墅绿化工程建设的时候，他不计报酬和成本，不辞辛劳，甚至是不顾风险，用一颗真诚和朴实的心来对待自己的绿化事业。众所周知，虽然他并没有彻底改变合作方在某些方面的欠缺，却在一定程度上感动了对方。正所谓精诚所至，金石为开，那位老板肯定也在他步步敬让的柔性攻势面前，对自己的行为有所反省和自责。所以，此后每到一处，总会主动为乔书领说好话，充当义务宣传员的角色，这也算是一种曲线回报吧。

乔书领在这方面的例子几乎不胜枚举，印象较深的还有，在凤凰山景观工程中修建挡水墙时，不惜推倒重来的固执举动，好多次办了工程方主动付款被他拒绝的“傻”事，甚至在两次花博会上，他都要自掏腰包，为政府尽义务的赔本生意，等等。

他的朴实，让不少顽劣之人也不得不发出“在你面前，我真的没辙了”的由衷感叹。所谓“义不聚财”，特别是在当前道德环境下，乔书领的朴实以一般人的眼光看来，是非常危险的。但是，乔书领的弱势恰恰成为了他的优势，使他能够失之东隅，收之桑榆，他的厚道、诚实、守信等品质给他带来过一些损失，但更多地则使他在成功的道路上走得更顺、更稳。这就是上天的公平之处。

如今，乔书领事业做大了，年利税达到上百万元，个人资产上千万元，但他依然严格要求自己，不抽烟、不喝酒，从没垒过“长城”，没进过舞厅，更不知道游乐场所的门朝哪面开，俭朴如初，勤奋不辍。有人嘲笑他是“土老帽，是“只知道干活不懂得享受的牛”。他却在日记中说，美国大富豪奕克菲在回顾自己所走过的人生道路时说得好，成于俭，败于奢，如不记取，贫富可以相互转化，再鼓的钱包也会空空。

在位于北京市王府井大街172号丹耀大厦601室的公司里，找不到一件奢华的器物，却有好多的书籍。这是因为乔书领很舍得花钱买书，什么科技、企业管理、名人传记，等等，都在他的关注之列。

乔书领也非常舍得花时间看书，因为他深知自己的底子薄，需要不断地、及时地进行知识积累，才能跟上时代的步伐。在读书之余，他还喜欢听听音乐。他说，自己的文化水平不高，一天不学习就会倒退一大步。而听听轻音乐，是为了休息大脑，是为了琢磨更多的事情。

有人问他在琢磨什么问题？他反问道：“你说，我的下一个起点在哪里呢？”

第十章

乔书领：再做好三件事就此生无憾了！

乔书领的希望：在未来再做好三件事

乔书领现在已经为自己设计好了未来必须完成的事业路线图，其中包括三件大事，分别是“美丽中国”、“美丽乡村”和“文化中国梦”，希望以此作为事业的一个圆满结局。

“美丽中国”这个生态文明概念由党的十八大首先提出，是集环境之美、时代之美、生活之美、社会之美、百姓之美“五位一体”的总和。

“美丽中国”的一个重点，也正是乔书领的最大心愿，就是希望早日启动对长江、黄河这两大母亲河的环境绿化保护工作。

那是在更远的上世纪 90 年代初期，长江三峡水库建设刚刚启动前后。乔书领慢慢凝成一个心愿，认为在两大母亲河流域沿线应该立即停止一切破坏性开发，刻不容缓地进行封闭性环境保护和植被修复，绿化长江，绿化黄河，保住中华民族最后的文明根基。为此希望未来有一个契机，成为一个具体的行动。

2012 年，重庆市副市长张鸣特别邀请乔书领和农业部的林处长到重庆考察长江三峡小落带的绿化课题。他当时一听，立刻回想起 20 年前的那桩未了心愿来："老部长真神了，人家那么多年前就预言到今天。我现在就实施，这个事情成功了以后，也就了了他的这个心愿。"

乔书领在重庆对三峡库区绿化进行调研之后，抓紧时间进行评估论证，同时结合自己公司的实际情况，形成了相对成熟的治理思路，将长江小落带、黄河，还有三北防护林绿化共同作为未来发展的战略目标。他还将这个思路放大到其他相关的工作中去进行融合，竟然与十八大提出的"美丽中国"不谋而合了。

乔书领对"美丽中国"的支持理由很简单，首先出于自己"中国杰出青年农民"等诸多社会身份考量，自认需要对环境保护和绿化方面有一份担当、责任和义务。同时，自己有多年的从业经验和实力，愿意为美丽中国建设再做贡献。再者，美丽中国意味着新政治、新经济时代的来临，于是也才标志着"乔家园林"迎来了新一轮的战略发展机遇期。

生态问题确实已经成为人类共同关注的时代命题。2014 年 2 月份农历新年刚过，京津冀地区发生了严重的雾霾天气，影响范围达到 180 多万平方公里。令中国人恨之入骨却挥之不去的大气雾霾，已成为原有经济发展模式的一块短板和心病。在未来的几十年、上百年时间中，从生态绿化源头的培养到环境修复，再到新的开发建设过程中的配套绿化工程，都需要从事绿化工作的人广泛参与。

据资料显示，"十二五"规划预计全社会环境建设投资需求约为 3.4 万亿元，年均在 6800 亿元，同比"十一五"期间的年均 4000 亿元增长达 70%，远高于其他行业。在 2014 年 3 月召开的十二届全国人大二次会议上，各主管部门就"加强环境保护建设美丽中国"的相关问题做出了说明。预计从 2014 年起，环保投入力度进一步加大，每年以 2000

亿元以上的幅度增加。

早在2012年，中国的环保产业从业单位已经高达23万家，从业人员超过了319万人。随着环保政策的密集出台，在新的政策环境下，环境行业将成为未来的“蓝筹股”，环保概念有望迎来整体复兴，吸引众多社会投资，带动产业兴旺。

在这里，已经有一个亮点形成了：自乔书领跻身于种草绿化事业的那一刻起，他实际上已经是中国环保产业大军当中的一员，现在对“美丽中国”的高度认知，注定会让他和他的企业成为“美丽中国”战略中的重要组成部分！

乔书领将要完成的第二件事是“美丽乡村”，这是一项让他念兹在兹、关乎农业、农村、农民（俗称“三农”）的良心工程，也是他最耗费心血的梦想工程。

第三件事让乔书领牵肠挂肚的大事情，就是“文化中国梦”。

习近平总书记提出来一个中国梦，乔书领则举一反三提出了自己的“文化中国梦”，并且已经计划好首先要落户革命圣地——河北省西柏坡。

为什么要在西柏坡做中国梦？因为05年在成都第六届花博会上，他建造的“柏坡情——新中国从这里走来”景观受到极大关注，其中含有的深刻文化底蕴，也让他受到新的启发。现在，他设想通过园林景观的方式，把这个主题与中国梦相融合，植入到西柏坡，供民众参观、学习。他说：“这个‘文化中国梦’，实际上是我开创的‘红色园林’、‘人民园林’理念的具体实践，也是企业发展战略的一部分。”

相信有了如此成熟的规划和各方力量的有力支持，乔书领的“文化中国梦”一定会有一个非常完美的开端和结局。

乔书领提出的未来“人生三事”，听起来有一种悲怆而豪迈的英雄主义气概，当我们细细梳理这些内容细节时，更会对他这种直面人生、不惧死亡的超然之气所折服。

参与到“建设美丽乡村”的伟大工程中去

在2013年的中央“一号文件”中，将“美丽中国”进一步具体化，明确提出“建设美丽乡村”规划。

当年的7月22日，习近平在农村调研时提出，建设美丽乡村，是要给乡亲们造福，不要把钱花在不必要的事情上，不能大拆大建，要保护好古村落。这也正是乔书领多年来的个人看法，没想到与习总书记想到一起来了。他对习总书记的远见卓识由衷地树起了大姆指！

在乔书领的记忆中，“为人民建造美丽乡村园林，从古到今从没有哪一朝，哪一代，哪一党派这么想过，这么做过，所以在中国是头一回。这体现出习近平总书记的伟大，他想到为人民办好事了。”他还认为，“美丽乡村”是他的“人民园林”理念的有机组成部份，在园林艺术分类中，应该属于一个单独的艺术流派。

2013年文件刚刚发布时，乔书领就及时掌握了这一消息，并马上决定申请参与这个项目的具体工作。

与以往一样，他首先认为这是政治问题，要是为了挣钱，肯定连这个门槛进也进不去。农业部也明文强调，必须政治合格的人才有资格参与农业部的项目合作。

乔书领自己是中国杰出青年农民，中国民主同盟盟员，对“三农”有感情，一直支持党的改革开放，更愿意在农业部的领导下，义无反顾去建造美丽乡村，绘制美丽乡村园林的蓝图，所以他认为自己有资格参与这个项目。

当然了，乔书领并不能因此就“倚老卖老”，他必须拿出自己实质性的“东西”，到台上来“走两步”，让大家心服口服才行。

多年打拼的乔书领当然懂得其中规矩，他首先通过拍宣传片、写信等方式表达自己的决心，然后描述了自己参与建设“美丽乡村”的宏观思路。

他的操作理念是，有机结合群山、河湖、森林、湿地、鸟兽等自然资源及人类的村落、农田、果园、花苗圃、牧场、路桥、新型农业工厂等，充分挖掘和尊重当地得天独厚的历史文化、风俗民情，在自然环境中体现人文关怀。

通过科学调研以生态方法修复被污染的河流、湖泊及废弃矿山等，恢复自然植被，建立有各自特色的宜居乡村。

通过检测乡村空气、水质和土壤，选择适当的生态物种，科学布局，合理规划，进行园林式改造，让乡村置身于园林之国。

使农居、设施农业、生产农田、山野、河流、生物质能源设施与园林绿化达到浑然一体，相映成趣，让村民在生产、生活中身心愉悦，在美好的环境中陶冶性情，重现人类与自然的和谐。

总而言之，乡村园林更接近于自然属性，属于人工与自然良性互动的交响工程，所以在整体效果上会优于城市园林的袖珍特征。

涉及到乡村园林化的建设原则，他强调要突出主题，一村一景、一村一品，力求多元，避免雷同；生态优先，防止污染；多维绿化，全方面建设；因地制宜，顺从自然；保持传统，弘扬古风，等等。并进一步明确了更多具体细节，形成了一套详细的操作方案。

乔书领将这些内容进行了归纳整理，形成了一份系统化的报告文件，上报给农业部相关部门。

负责人员一看，当即就认可了，还称赞道："没想到你还有技术类的东西，这个册子技术层面的设计水平很高呀。另外，我们要求项目操作人对农村也好，对农民也好，对党的事业，得有情感才行。看来非你莫属呀！"他与农业部达成了合作协议。

有了这个协议，说明整个"美丽乡村"的园林绿化这一块工作，就由乔书领来具体落实实施了。这是 2013 年的 10 月份。

中国有 60 万个行政自然村，所以"美丽乡村"这项工程十分浩大，涉及面广、人多、行业部门繁杂，需要有强大的资金和完善的管理体系做支撑，显然是一个漫长、复杂而繁琐的过程。

按一般程序，必须由各个乡、县、市将各地的情况和思路上报到农业部进行汇总，先在高端层面进行宏观布局，然后逐步确定乡村示范点和工程建设方案。

工程还分为几个大项，每一项里面涉及 27 个行业，一个行业里再指定一个具体的负责人。

进入融资阶段，需要寻找各种投资基金，金融信托合作机构等，还要通过发改委和财政部的审批和支持。

总之，整个工程有许多环节和步骤，只能按部就班步步推进，更多细节直到现在仍在设计和规划之中。

与乔书领相关的园林绿化这一块，要等农业部选择好各个省、县的园林工程队伍，并理顺当中的协调合作等问题之后，乔书领才能介入其中。

无论后期工作如何复杂，毕竟“美丽乡村”工程算是确定下来了，乔书领也已经参与了“美丽乡村”的前期事务，这是值得欣慰的地方。当前可以操作的实际工作，是以北京地区为主的1000个村的“美丽乡村”为基础，提前考虑乡村园林建设的原则和相关画册的风格怎么设计，标准怎样编制等，并加紧建立、健全自己的人才团队，做好一切准备工作，为将来的工作对接打好基础。

为了与大局保持一致，他也要积极参与农业部、科教司召开的所有会议，保证在未来全面启动时能够全身心地投入到“美丽乡村”建设的伟大事业中去。

“采菊东篱下，悠然见南山”，相信在不远的将来，陶渊明那种世外桃园式的生活场景，在乔书领的美丽乡村梦中，将一步步成为现实。

成立全国工商联园林商会，助力“美丽中国”

参与到“建设美丽乡村”的伟大工程中去是乔书领的第一个路线图，成立“全国工商联园林商会”则是他的第二个人生路线图。

优良的生存环境，是社会和谐的一部分，生态绿化，在其中显得尤其重要。创造生态和谐，进行园林绿化，建设美丽中国，是几十年改革开放的主要内容之一。

乔书领注意到，就算在全球经济萧条时期，园林绿化这个行业也没有出现所谓的衰退和下跌等萧条景象，而是一直随着民众生活水平的提高而同步发展。他认为，这种现象并非偶然，实际上有一个先决条件恒定不变地支撑其间：随着人类文明的进步，人们的生存质量和生活水平也一直处于上升通道，对生存环境必然提出越来越高的要求。可以这样说，只要有人类的存在，那么对环境的要求只能是越来越高。所以在业内有这样一句话：园林绿化是永不落的太阳，是永远的朝阳产业。

当前，国民生活水平普遍提高，买房子成为一个非常重要的消费，园林绿化水平，很大程度决定了房屋销售的结果。在购房过程中，人们下大功夫甄别挑选最多的并不只是房子本身，而是房子所处的周边环境，其中就包括环境状况、交通状态和绿化水平。

假如说在一个新的住宅区植有一些标志性的树木花草，或有一片非常有特色的园林设置，不但迎合了人们对“美”的追求，而且还具有一定的人文内涵，就能够让人产生一种幸福、尊贵的主观联想，得到内心的认可，那么不论是整个小区，还是他所停留的那座楼房，甚至是他靠近的那个楼门，必将成为购买的首选。

这种终端消费行为，于无形之中带动了楼盘售销、相关产品的消费，也推动了产业的繁荣。所以，园林绿化行业不仅为中国的生态环境带来极大改观，它在地产产业链当中的重要性也是不言而喻的。

行业前景十分看好，“美丽中国”非常诱人，如何实现这个美好愿望，还需要一系列的工作和努力。

从乔书领个人来说，他的企业多年来一直受制于资金短缺的掣肘，形成一个发展瓶颈，在很多关键时刻不得不向民间借款应急，甚至不惜支付高利息借高利贷，这在很大程度上制约了企业的正常运行和快速发展。原因之一，是乔书领始终专注于经营管理层面，对金融领域着眼不足，没有意识到资本运作的重要性。

后来，乔书领通过学习交流有了这个迟到的觉悟，从中发现了新的发展空间，再加上，国家政策近期已经对民间金融有所松动，传统垄断领域正适度开放，使得终于可以在自己的企业战略中融入这一先进理念。

他对此进行了理论总结：“一手抓实体，一手抓金融，两手抓，才是硬。实体插上金融的翅膀才能腾飞，只有金融资本才能实现自己的梦想。这是我现在悟出来的新境界。”显而易见，他已经跳出了当初因为高利贷的消极作用造成的对整个民间金融产业的负面印象和认识误区。

现在，乔书领已经成立了一个中小惠民投资担保公司，专门从事金融资本运作这一块的业务。

从行业面来说，多数中小企业几乎都患有与乔书领几乎一样的发展困境：资金不足，无法向更高层次升级，无法做大做强。看到大家同病相怜，思变心切，他产生了一个想法：挂靠在“全国工商联”下面，成立一个二级协会——“全国园林商会”，将业界的成功民营企业家联合起来形成一个集体，将行业资本聚集起来形成一定规模，再通过与其他社会资本和金融银行的深度合作，服务于整个园林行业。所以他强调，未来的商会“绝不是做工程、做草坪、做园林这么简单，做的是行业发展战略规划，最终目的则是为‘美丽中国’添彩。”

乔书领认识到这项宏大的事业绝非一人之力可为，特别是一些具体的工作方案，需要若干专家去调整和落实。为此，他提出了具体的实施步骤。首先，参加“中华民营企业家商会”，并力争当选副会长。然后，“利用这些社会资源，加上我的一点号召力，筹集几十个亿资金来干这个事，不就起来了吗？”

为了进行产业升级转型，实现行业整合、内外联动和协同发展，乔书领对乔家园林旗下原有公司进行了重新定位，未来将统一命名为“中乔大三农投资集团”，下含五大分公司：

中乔大三农智慧农业有限公司

中乔财富资产投资管理（北京）有限公司

中乔绿色经济咨询（北京）有限公司

北京乔家园林绿化有限公司

河北乔家园林绿化有限公司

为此，乔书领还专门拟定了一份“中乔集团宣言书”，开宗明义说这是“乔家园林三十年时一个重要的历史节点”。

在这份宣言书中，乔书领对自己家乡故土的环境蜕变深感痛心疾首，对因此造成人民身心健康每况愈下的残酷现实深感不安。所以，他以一个有责任、有担当的民营企业家的角色，立志要“以现代金融模式，发动社会资本，向污染和雾霾宣战！助力美丽中国梦！作一位农民银行家、农民金融家和慈善家！”

看得出来，乔书领实际上正在寻求事业和人生的又一次蜕变。

他对民间金融资本从高利贷时期的抵触，到融资艰难时刻的反思，到学习交流之后的接纳，到现在思考创办金融公司，再到计划成立园林商会进行行业社会性大联合，正在实现一个重要的身份转变，也让他的事业开始从单一的园林绿化转而步入了以资本运作为前导的金融经济时代。反观整个转型过程，他认为这也是一个不断换脑筋的过程。对此，他引用了一句中国哲学语言：“一生二，二生三，三生万物，其中奥妙只有能够成功地应用于实践，方可明白。”

当然了，在乔书领个人努力打造的种种利好条件之外，还有现已全面启动的“城镇化”运动以他的家乡——河北必然融入的“京津冀一体化”这个更大的社会背景，就等于有了更加坚固的市场后盾。借“城镇化”和“京津冀一体化”的东风，园林绿化行业在未来的国民经济发展中一定能够实现产业升级的梦想，进一步做大做强，成为一个具有战略性质的新兴产业，为“美丽中国”的梦想助一臂之力。

让中国梦落地西柏坡：出力“大西柏坡”文化工程

西柏坡，这片光耀于中国革命史册的热土，坐落在太行山东麓，滹沱河北岸，石家庄市平山县境内的柏坡岭下，境内群山连绵，沟壑纵横，风景优美。这里是中国革命的圣地，是新中国的摇篮，在这里召开了具有历史转折意义的七届二中全会，提出了“两个务必”的著名论断，颁布了《中国土地法大纲》。西柏坡为中华民族竖起了一座不朽的历史丰碑，也为中国人民铸就了伟大的西柏坡精神！

多年来，从中央到地方的军队、学校、政府机关等400多家单位，在这里开辟了爱国主义教育基地，每天都有大批的军人、学生、干部职工和各界人士前来参观学习，接受革命传统教育。

2008年1月12日，时任中共中央政治局常委、中央书记处书记的习近平一大早冒着纷飞的雪花，轻车简从，赴西柏坡学习考察。临走时，习近平动情地说：“50多年前，共和国从这里走来，执政不能忘本。党中央不会忘记西柏坡，不会忘记西柏坡人民。”

2013年7月11日下午，已经身兼党的总书记、国家主席和国家军委主席三大要职的习近平再次来到平山县西柏坡参观，重温“进京赶考”，重新沐浴信仰之光，“怀着崇敬之心来，带着许多思考走”，体现了党和政府对这块革命圣地的无比重视和感念之情。

稍前，习近平总书记还提出了中国梦的概念，这让对西柏坡非常了解、素有感情，也有自己成熟想法的园林绿化专家乔书领一下子就产生了浓厚的兴趣：“以此为起点，就可以实现红色园林和人民园林的梦想。柏坡情和中国梦，终于能够合二为一了。”

在更早的2010年，河北省政府为了弘扬西柏坡精神，提出了“大西柏坡”概念，并着手进行工程落实。

说到“西柏坡”，与乔书领的关系是很大的。在一定程度上可以这样说，是他在成都花博会上凭借自己的智慧和勇气保住了“西柏坡”这块河北省专属的牌子，才为后来打造“大西柏坡”文化工程提前清除了地域之争的障碍。所以当他听到习近平总书记提出的中国梦理论之后，马上对自己原来的西柏坡红色园林开发设想进行了完善和提升，并时刻关注着西柏坡开发工程的一举一动。

“大西柏坡”工程建设着眼全省发展大局，立足平山县实际，通过以点带面，对带动当红色旅游文化产业的全面发展，促进群众致富具有十分重要的意义。由此，也可能会为进一步推动西柏坡未来的行政改制升级打下坚实的经济基础，提前奠定丰厚的文化底蕴。

在原则性的框架之下，平山县政府领导进一步提出：“大西柏坡行政旅游服务中心等一批重点项目将如期开工。”

受“大西柏坡”工程的带动，西柏坡高速路、西柏坡干部学院等一批重点项目相继开工，迅速掀起了“大西柏坡”建设的高潮。

“西柏坡行政管理学院”是其中的一个重点项目，是河北省委、省政府重点打造的力作。工程于2011年正式启动，投资15亿元。省长陈全国亲自提出“大气魄、大手笔，干就干一流、做就做精品”的要求，并由省政府直接邀标工程单位，由赵勇副省长直接主管。

在项目开始启动的时候，乔书领给河北行政学院领导写请愿书自我举荐，希望承接园林绿化工程。他还给原团中央书记、现任河北省政府常务副省长、河北行政学院院长赵勇直接写了一封自荐信。乔书领本来就与河北省政府有多年的良好合作关系，对于这种政府工程他一直是当仁不让。

到了 3 月 14 日，河北行政学院书记王光星、副院长孙增武、基建办朱念海等领导接见了乔书领，详细听取了他对该工程施工规划的工作汇报。

没过多久，批文顺利下来了。有过多年合作关系的宋恩华副省长得知这一幕，还专门嘱咐了他一句：“乔书领啊，咱们河北省有什么事的话，你可要积极来参与呀。”

乔书领当时满心的感激和兴奋，幸福之情溢于言表，信心大增。心想：省长能这样邀请自己，得多大的面子，多重视我呀。更让他引以自豪的是，这些事情完全是凭借自身实力争取而来的，全是可以摆在桌上摆的正大光明之事，绝没有什么暗中操作，这在当下环境确属难能可贵。

与此配套的，还有一个“大西柏坡绿化工程”，主要负责对西柏坡周围环境进行绿化和环境养护工作。因为启动较早，所以乔书领已经参与其中，现在正在按照既定规划一步步正常推进。他每当看到如今的西柏坡正慢慢地披上自己精心装点的一层绿色，展现出一片青山绿水之时，心情十分激动，也感到十分豪迈。

今天的西柏坡，前临碧波荡漾、水光潋滟的西柏坡湖，后靠满坡翠柏、松涛阵阵的西柏坡岭，湖光山色相得益彰，已成为国家 AAAAA 级旅游景区和全国精神文明建设先进单位、爱国主义教育示范基地。

除了现在已经参与的几个工程项目，乔书领还在努力将多年来的个人梦想与中央的中国梦进行融合，“把中国梦落地，落地的定位地在西柏坡。”现在，宏观大气候已经形成，剩下的是自己如何将个人想法融入进去。

乔书领交出的答卷，除了一些自己无法确定的内容之外，已经具备了大概的框架和轮廓，从中可以窥出他心中的那个“柏坡梦”：在西柏坡建立一个档案馆，把凡是为中华民族伟大复兴做出贡献的各行各业的先进人物、民营企业家，时代英雄都记录在案。技术上通过声、光、电、文、物、画、讲等各种形式，向游客讲述他们是怎么发展，如何成功的传奇故事，使这里成为一个可以对青少年进行爱党、爱国教育，学习自主创业、立业的文化教育基地。他特别强调说，“像水稻专家，还有关于中国粮食问题这类关乎国家生死存亡的大话题，一定要作为重点内容进行宣讲。”

乔书领在“大西柏坡”工程构想中，除了出思路，出精力，出人马，也要献出他从不轻易示人的“镇业之宝”乔家园林当初因为景观搭配的需要，从安徽采来的三块巨型灵壁石“宝贝”。这三块巨石，一个像七，一个像牛，一个像心，大概有几十吨，当初运过来就花了两万多元，现在还搁在西柏坡工地“待嫁闺中”。这些看起来寂静无声的石头，在他眼中实际上是有灵性的，所以也一直期待着一个具有通灵感应的历史契机，让灵性回归于自然的怀抱，祈福于人民的家园。

他向当地领导提出了自己的“条件”，要将这几块“宝石”镶嵌在西柏坡的龙脉之上，为工程注入传统文化的灵魂，起到一个画龙点睛的作用，与中国梦一起，成为整个“大西柏坡”文化工程的精神和灵魂，让这块神圣的风水宝地从此“活”起来。

令乔书领感到心慰的是，从西柏坡县委书记到西柏坡管委会的主任，当地政府各级官员都十分支持他的这个倡议，对方的热情，反过来也让他信心十足。

从种种迹象看得出来，如果不在“大西柏坡”这里实现酝酿已久的美丽中国梦，乔书领是誓不罢休的！

又是一天的清晨时分，金色的阳光撒遍了神州大地，绵延巍峨的八百里太行山映照在灿烂的朝霞里，位于崇山峻岭深处的西柏坡，也绽露出它挺拔伟岸的雄姿。乔书领起了个大早，迎着东方的朝阳，迈着矫健的脚步，向“大西柏坡”工程工地赶过去……

知天命之年的乔书领，还是那个勤劳朴实的乔书领，至今，他还坚持着事必躬亲的工作作风。他来到工地，与大家一起赶工期，抢进度，保质量。当看到工人们已在一片宽阔的工地上各自忙碌，稍远的各处新建景观新绿片片，雏形略现，一切都显得有条不紊的时候，他满意地点了点头，同时不忘反得叮嘱大家，要注重工程质量，注意生产安全。

一切布置妥当，他独自走到一个高凸之处，向一边无际的天空极目远眺。此时，一团团鲜红的朝霞正犹如烈火燃烧，犹如万马奔腾，犹如松涛阵阵……

晨风微微吹来，乔书领不由自主地做了一下深呼吸，觉得有一种沐浴的舒畅，似乎正置身于中国梦的自由畅想之中。

他一边享受这一刻难得的愉悦，一边抬眼远瞻，寰宇神游：看来，任何梦想都是伟大的，任何梦想是需要人来实现的，中国梦当然也不例外……

这时，从远处传来一阵朗朗的诵读之声：太行苍苍，滹沱泱泱；先烈之风，山高水长。吾族吾土，盛世未央；故国新梦，柏坡辉煌！

编后记

当中国从计划经济的“集体操”步入市场经济的“自由舞”之后，越来越复杂多变的经济生活曾经让人们有些目不暇接和无所适从。随着改革的步步深入，到了21世纪的今天，商品经济已经十分发达，习惯并掌握了市场竞争理念的人们，将竞争的残酷性上升为“战争”的高度，说：“商场即战场！”不少成功案例似乎也在证明，只有那些以“聪明”和“机智”见长的人们，才有可能走向事业的成功巅峰；相反，那些以“老实”哲学坚守本分者，不要说难以与事业、成功有缘，恐怕连安身立命的机会也越来越少。老实，正在被越来越多的人视为不合时宜和陈旧保守，甚至一度成为失败和无知的代名词。这种逆道德化的价值走向，不但让老实人很受伤，而且也让中国承袭了长达千年的优良传统面临夭折的危险！

不甘失败和沉默的老实人在扪心自问：“难道，这是一个唯有‘聪明人’才能活得滋润的年代？难道，老实人只有认命而自叹生不逢时？难道，就没有一个被先行者成功验证，可以让后来的老实人学习和复制的样板？21世纪的中国老实人，应当何去何从？”

在老实人一片失望和迷茫的心海中，一个质朴而沉稳的声音隐隐传来："我就是老实人中的成功者！"这一声呐喊并不振聋发聩，但却是老实人的宣言书；这一个身影也不潇洒伟岸，却是老实人的代言者。他，就是我们的主人公：中国"草坪大王"——乔书领！

乔书领，中国园林行业的成功企业家，以种草、养花、绿化、园艺、科技生态治理、喷播、花卉租摆、园林设计、苗木出售为主业；乔书领，一个颇有几分书卷气的名字，这既是他最恰当的性格注脚，也是他为人处事的行为准则；乔书领，一个贫寒农家的子弟，但苦和穷没有使他因贫而弃，反而让他对理想的追求更加孜孜不倦；最重要的是，乔书领也是一个以老实闻名的"乡下人"，坚持以老实出道，以老实经商，以老实取信的人生信念，最终，他以老实做本钱，获得了成功！

乔书领的经历确实比常人更加艰难曲折，但人生的风雨却让他的事业愈久弥香，"台上一分钟，台下十年功"的古训，在他身上体现得淋漓尽致。为了成功的一刻，乔书领曾经养过猪，养过鸡，破过产；曾经只身闯首都，四处寻找致富经，终得正果，走上种草路；为了他的"乔家园林"，乔书领曾经上过当，受过骗，但"先干活，后付款"的经营理念从未改变。前前后后算下来，天命之年的乔书领为成功竟然拼了30多年的人生时光，人生最美好的记忆全都播撒在了他的艰辛历程中！

回首过去，30年前的乔书领是幸运的。童年的种种磨难痛苦刚刚过去，甫一走上社会的他迎来的即是中国改革开放的曙光。他是最早投身改革大潮的弄潮儿，也是当地最早的"万元户"，所以，他也是中国改革开放伟大事业的基层实践者和历史见证人。

反观身后，事业有成的乔书领是幸福的。在他当初事业虽已步入正轨、但精神空虚无度的时刻，一位贤惠美丽的女子黄敏惠与他喜结良缘，成为他事业和生活不可或缺的有力支持和精神后援。让乔书领更觉幸福的是他一双出色的儿女，不但在学业和事业道路上超越了自己，而且还从中国走向了世界。

平心而论，命运对乔书领是公平的。仁义礼智忠信勤廉，真诚清净平等慈悲，自然道法宠辱不惊，这些中国传统文化中的内家功夫，能在一个饱受磨难的农家子弟身上尽显无遗，现在看来，或许是上天的有意安排，也当是他的先天慧根所在，所谓“天降大任于斯人也，必先苦其心志，劳其筋骨，饿其体肤”，所言即此。

宝剑锋从磨砺出，梅花香自苦寒来。如果用乔书领的早期经历去感动生活于都市风花雪月中的时尚达人，或许有些不入主流，但当人们看到他后期的成功和辉煌，就不难认定这才是一个实实在在的“从奴隶到将军”的励志故事，对于不少志向远大的平民子弟而言，仍具有不可替代的教科书般的作用。

不得不再次承认，“草坪大王”乔书领永远是真实的。在他的故事中，没有坊间流行的聪明和厚黑，更没有时人擅长的适时应景和灵活机动，多年来，不论商界风云如何变幻，社会道德如何起伏，他始终坚守农家子弟特有的诚信和朴实，坚守“好人有好报，做事先做人”的朴素哲学，哪怕上当受骗，也在所不惜。所以，他是老实人成功的典型样板，是朴实诚信的道德楷模。

如果用他的忠厚老实做为道德范本或许让人不解，但他的成功事实会再次告诉你，这实际上是一种大智若愚的大智慧，这也正是不屑于此的“聪明人”欲求而不可求之物。他既是历史的，也是现实的，他的宁静致远，他的虚怀若谷，他创业时脚踏实地，成功后淡雅超脱，组成了他不同寻常的人生道路，颇值得红尘中人细细品味，也值得所有以老实为本的后来者们深思自省。

本书通过对出身于最底层、亲历了大饥荒、大洪水、大地震的农村老实人乔书领的真实描述，为读者展现一幅完整的“老实人事业成功路线图”。如果，通过这个没有任何人为量身打造痕迹的真实事例，能够让无数依然在灯火阑珊处默默无闻的老实人们从中找到自己的影子，发现自身的价值，进而重塑自我，建立信心，再或能够从此确立明确奋斗的目标，并一步步走向人生辉煌的话，则不但是书中主人公乔书领的本意，也当是他传奇人生的再一次外延和彰显，不出意外的，也将是本书的最大荣幸！